L'ULTIMA GUIDA DEL MASTER DELLA POLPETTA

2 IN 1

100 RICETTE SENSAZIONALI

EDUARD LEWIS, HECTOR MORGAN

L'ULTIMO LIBRO DI CUCINA PER LE POLPETTE

50 ECCITANTI RICETTE DA FARE A CASA

EDUARD LEWIS

Tutti i diritti riservati.

Disclaimer

forma senza l'autorizzazione scritta espressa e firmata dell'autore.

SOMMARIO

POLPETTE DA COCKTAIL STuzzicadenti 106

INTRODUZIONE

Una polpetta è un alimento che si definisce: è letteralmente una palla di carne. Ma prima di iniziare a raccogliere ciuffi di carne macinata in una padella e chiamare la tua triste cena "polpette", facciamo un passo indietro.

Impara come preparare tu stesso le polpette a casa e cuocile in modo che siano perfettamente dorate all'esterno ma comunque succose al centro. Ecco alcuni trucchi e suggerimenti per polpette perfette:

La carne macinata

Puoi usare qualsiasi carne macinata o un mix di carne macinata che preferisci. Il preferito dai fan è una miscela di carne macinata di manzo e maiale. Anche l'agnello macinato, il tacchino, il pollo, il vitello o il bufalo sono selvaggina leale.

Breadcrumb & Milk Binder

Un trucco per assicurarti che le polpette siano completamente tenere una volta cotte è usare un legante. Questo legante aiuta ad aggiungere umidità alle polpette e impedisce anche alle proteine   della carne di restringersi e diventare dure.

Evita di lavorare troppo la carne

Un altro trucco per tenere le polpette è non sovraccaricare la carne: mescola la carne con il legante e altri ingredienti fino a quando non sono combinati.

Arrostire vs sobbollire le polpette

Hai due opzioni: arrostirle o cuocerle a fuoco lento in una salsa. La cottura arrosto è l'opzione migliore se hai intenzione di servire le polpette in qualcosa di diverso da una salsa o se hai intenzione di congelare le polpette per dopo. La tostatura conferisce alle polpette anche un po 'più di sapore poiché l'esterno brucia al calore del forno.

Se hai intenzione di servire le polpette con una salsa, puoi anche cuocere le polpette insieme alla salsa. Non solo questo dolce sobbollire rende alcune delle polpette più tenere e saporite che tu abbia mai mangiato, ma la salsa diventa anche più ricca e saporita nel processo.

POLPETTE DA TUTTO IL MONDO

1. Polpette belghe brasate alla birra

Ingrediente

- 1 tazza di pangrattato bianco fresco

- $\frac{1}{4}$ di tazza di latte

- 1 libbra   Carne di manzo macinata, magra

- $\frac{1}{2}$ libbre Maiale o vitello macinati

- 1 uovo grande

- Verdure e spezie

- Olio da cucina

- 2 cucchiai di prezzemolo, fresco; contorno

a) Per preparare le polpette, immergere il pangrattato nel latte fino a quando non sarà completamente inumidito; strizzare a secco con le mani.

b) Unire il pangrattato, la carne macinata, le uova, lo scalogno, il prezzemolo, il sale, il pepe e la noce moscata in una ciotola media.

c) Formare la miscela in 6-8 palline o polpette (2 pollici di diametro e $\frac{1}{2}$ pollice di spessore); spolverare con 2 cucchiai di farina.

d) Scaldare burro e olio in un forno olandese profondo e pesante, fino a quando sono caldi ma non fumare, a fuoco alto. Aggiungi le polpette; cuocere fino a doratura su tutti i lati, circa 5 minuti, assicurandosi che il burro non bruci. Rimuovere le polpette sul piatto; tenere caldo.

2. Zuppa di polpette bulgara

Resa: 8 porzioni

Ingrediente

- 1 libbra   carne di manzo macinata

- 6 cucchiai di riso

- 1 cucchiaino di paprika

- 1 cucchiaino Salato essiccato

- Sale pepe

- Farina

- 6 tazze di acqua

- 2 Cubetti di brodo di manzo

- ½ Mazzo di cipolle verdi; affettato

- 1 Peperone verde; tritato

- 2 Carote; pelati, tagliati a fettine sottili

- 3 Pomodori; pelati e tritati

- 1 Sm. peperoncini gialli, spaccati

- ½ Mazzetto di prezzemolo; tritato

- 1 Uovo

- 1 Limone (solo succo)

a) Unisci carne di manzo, riso, paprika e santoreggia.
Aggiustare di sale e pepe. Mescolare leggermente
ma accuratamente. Formare delle palline da 1 pollice.

b) Unire l'acqua, i cubetti di brodo, 1 cucchiaio di sale,
1 cucchiaino di pepe, le cipolle verdi, il peperone
verde, le carote ei pomodori in una pentola grande.

c) Coprire, portare a ebollizione, abbassare la fiamma
e cuocere a fuoco lento per 30 minuti.

3. Polpette marocchine

Ingrediente

- 1 libbra   Carne macinata di manzo o agnello

- 1 cucchiaino di sale, ¼ di cucchiaino di pepe

- 2 cucchiai di cipolle secche

- 1½ tazza di acqua o pomodori in umido

- 3 cucchiai di burro dolce

- ½ tazza di cipolle essiccate e schiacciate

- ¾ cucchiaino di zenzero, ¼ di cucchiaino di pepe

- ¼ di cucchiaino di curcuma, 1 pizzico di zafferano

- 1 cucchiaio di prezzemolo tritato

- Cumino, 2 cucchiaini di paprika

- peperoncino di Cayenna

- $\frac{1}{4}$ di cucchiaino di cumino

- 1 cucchiaino di paprika

- $\frac{1}{2}$ tazza di prezzemolo tritato

- 1 Succo di limone

a) Mescola tutti gli ingredienti per la carne. Impastare bene e formare delle palline da 1 ".

b) SALSA: Metti tutti gli ingredienti in una padella tranne il limone. Aggiungere 1 $\frac{1}{2}$ tazza di acqua e portare a ebollizione.

c) Ridurre il coperchio e cuocere a fuoco lento per 15 minuti. Aggiungere le polpette e cuocere a fuoco lento per 30 minuti. Aggiungere il succo di limone e servire subito su un piatto riscaldato con tanto pane marocchino.

4. Polpette di agnello persiano

Resa: 7 porzioni

Ingrediente

- ¾ tazza di grano Bulgar, macinato fine

- 2 tazze di acqua bollente

- 2 libbre   Stufato di carne di agnello, macinata fine

- ½ tazza di cipolla gialla tritata finemente

- ½ tazza di pinoli

- 3 cucchiai di olio d'oliva

- 2 Uova sbattute

- 1 cucchiaino di coriandolo macinato

- 2 cucchiaini di cumino macinato

- 3 cucchiai di succo di limone

- 2 cucchiai di aneto fresco macinato

- 1 cucchiaio di menta fresca tritata

- $\frac{1}{2}$ cucchiaino di sale

- Pepe macinato a piacere

a) In una piccola ciotola lasciate il bulgar a bagno nell'acqua bollente per $\frac{1}{2}$ ora. Scolare bene.

b) In una ciotola capiente unire gli ingredienti delle polpette, compreso il bulgar scolato, e mescolare molto bene.

c) Formare delle palline da 1 $\frac{1}{2}$ pollice e disporle su una teglia.

d) Cuocere 20 minuti in un forno 3750F preriscaldato o fino a cottura ultimata.

5. Polpette ungheresi

Ingrediente

- Ricetta delle polpette di base

- 1 cucchiaio di olio vegetale

- 2 Cipolle; Affettato finemente

- $\frac{3}{4}$ tazza di acqua

- $\frac{3}{4}$ bicchiere di vino rosso; Asciutto

- 1 cucchiaino di semi di cumino

- 2 cucchiaini di paprika

- $\frac{1}{2}$ cucchiaino di foglie di maggiorana

- $\frac{1}{2}$ cucchiaino di sale

- $\frac{1}{4}$ di tazza di acqua

- 2 cucchiai di farina; Non sbiancato

a) Scalda l'olio in una padella capiente. Aggiungere le cipolle e cuocere e mescolare finché non sono tenere. Aggiungere le polpette cotte, $\frac{3}{4}$ bicchiere d'acqua, il vino, i semi di cumino, la paprika, le foglie di maggiorana e il sale.

b) Portate a ebollizione poi abbassate la fiamma e coprite. Cuocere a fuoco lento per circa 30 minuti, mescolando di tanto in tanto. Mescolare $\frac{1}{4}$ di tazza di acqua e la farina, incorporare alla salsa. Riscaldare a ebollizione, mescolando accuratamente. Bollire e mescolare per 1 minuto.

6. Polpette e wurstel occidentali

Ingrediente

- 1 libbra   Carne di manzo macinata

- 1   Uovo, leggermente sbattuto

- $\frac{1}{4}$ di tazza di pangrattato, asciutto

- 1 cipolla media, grattugiata

- 1 cucchiaio di sale

- $\frac{3}{4}$ tazza di salsa al peperoncino

- $\frac{1}{4}$ di tazza di gelatina d'uva

- 2 cucchiai di succo di limone

- 1 tazza di wurstel

a) Unire la carne di manzo, l'uovo, le briciole, la cipolla e il sale. Formare delle palline. Unire la salsa al peperoncino, la gelatina d'uva, il succo di limone e l'acqua in una padella capiente.

b) Calore; aggiungere le polpette e cuocere a fuoco lento fino a quando la carne non cuoce.

c) Poco prima di servire aggiungete i franchi e fate scaldare.

7. Polpette di pollo norvegesi

Ingrediente

- 1 libbra   Pollo allevato a terra

- 4½ cucchiaino di amido di mais; diviso

- 1 uovo grande

- 2¼ tazza di brodo di pollo; diviso

- ¼ di cucchiaino di sale

- ½ cucchiaino Buccia di limone grattugiata fresca

- 2 cucchiai di aneto fresco tritato; diviso

- 4 once   Formaggio Gjetost; tagliato in dadi da 1/4 di pollice

- 4 tazze di spaghetti all'uovo cotti a caldo

a) Sbattere l'uovo; aggiungere $\frac{1}{4}$ di tazza di brodo e 1 $\frac{1}{4}$ di cucchiaino di amido di mais. Mescolare fino a che liscio. Aggiungere la buccia di limone e 1 cucchiaio di aneto fresco e aggiungere il pollo macinato a questa miscela.

b) Porta due tazze di brodo a bollire in una padella da 10 o 12 pollici.

c) Versare delicatamente cucchiai di miscela di pollo nel brodo bollente.

d) Preparare la salsa: mescolare il rimanente 1 cucchiaio di amido di mais in 2 cucchiai di acqua fredda. Mescolare nel brodo bollente e cuocere qualche minuto fino a quando non si è un po 'addensato. Aggiungere il formaggio a cubetti e mescolare continuamente finché il formaggio non si scioglie.

e) Mentre il pollo cuoce, prepara le tagliatelle e tienile in caldo.

f) Rimetti le polpette di pollo nella salsa.

8. Polpette di carne coreana

Ingrediente

- 1 libbra   Cinghiale macinato

- 2 cucchiai di salsa di soia

- 1 pizzico di pepe

- 1   Spicchio d'aglio; tritato

- 1   Cipolla verde; tritato

- 1 cucchiaio di semi di sesamo tostati

- ½ tazza di farina

- 1   Uovo; sbattuto con 1 cucchiaio. acqua

- 2 cucchiai di olio per insalata

- 4 cucchiai di salsa di soia

- 4 cucchiai di aceto

- 2 cucchiaini di miele o zucchero di canna ben confezionato

- 1 pizzico di condimento al peperoncino liquido

- 2 cucchiaini di semi di sesamo tostati o cipolla verde tritata finemente

a) In una ciotola unire il cinghiale macinato, la salsa di soia, il pepe, l'aglio, il cipollotto e i semi di sesamo. Formare delle polpette con la carne.

b) Immergi ciascuno nella farina, immergilo nella miscela di uova e di nuovo nella farina. Scaldare l'olio in una padella pesante a fuoco medio. Cuoci bene. Servire con salsa di immersione.

9. Polpette di Manhattan

Ingrediente

- 2 libbre   Carne macinata magra

- 2 tazze di pangrattato morbido

- ½ tazza di cipolla tritata

- 2 Uova

- 2 cucchiai di prezzemolo fresco tritato

- 1 cucchiaino di sale

- 2 cucchiai di margarina Parkay

- 1 Vaso; (10 once) Conserve di albicocche Kraft

- $\frac{1}{2}$ tazza di salsa barbecue Kraft

a) Mescolare carne, briciole, cipolla, uova, prezzemolo e sale. Formare delle polpette da 1 pollice.

b) Scalda il forno a 350 gradi. Rosolare le polpette nella margarina in una padella larga a fuoco medio; scolare. Mettere in una teglia da 13 x 9 pollici.

c) Mescolare insieme le conserve e la salsa barbecue; versare sulle polpette. Cuocere 30 min., Mescolando di tanto in tanto.

10. Polpette vietnamite

Ingrediente

- 1 ½ libbra di carne macinata magra

- 1   Spicchio d'aglio, schiacciato

- 1   Bianco d'uovo

- 1 cucchiaio di Sherry

- 2 cucchiai di salsa di soia

- ½ cucchiaino di fumo liquido

- 2 cucchiai di salsa di pesce

- 1 pizzico di zucchero

- 1 Sale e pepe bianco

- 2 cucchiai di amido di mais

- 1 cucchiaio di olio di sesamo

a) Frullare la miscela con il mixer o il robot da cucina fino a renderla molto liscia.

b) Stampare piccole polpette sullo spiedo (circa sei polpette per spiedino).

c) Griglia alla perfezione.

11. Antipasti svedesi di polpette di carne

Ingrediente

- 2 cucchiai di olio da cucina

- 1 libbra   carne di manzo macinata

- 1 uovo

- 1 tazza di pangrattato morbido

- 1 cucchiaino di zucchero di canna

- ½ cucchiaino di sale

- $\frac{1}{4}$ di cucchiaino di pepe

- $\frac{1}{4}$ di cucchiaino di zenzero

- $\frac{1}{4}$ di cucchiaino di chiodi di garofano macinati

- $\frac{1}{4}$ di cucchiaino di noce moscata

- $\frac{1}{4}$ di cucchiaino di cannella

- $\frac{2}{3}$ tazza di latte

- 1 tazza di panna acida

- $\frac{1}{2}$ cucchiaino di sale

a) Scaldare l'olio da cucina in padella. Mescolare insieme tutti gli ingredienti rimanenti, tranne la panna acida e $\frac{1}{2}$ cucchiaino. sale.

b) Formare delle polpette di carne delle dimensioni di un antipasto (circa 1 pollice di diametro). Rosolare in olio da cucina su tutti i lati fino a completa cottura.

c) Togliere dalla padella e scolare su carta assorbente. Eliminare il grasso in eccesso e raffreddare leggermente la padella. Aggiungere una piccola quantità di panna acida per battere le dorature e mescolare. Quindi aggiungere la panna acida rimanente e $\frac{1}{2}$ cucchiaino. sale, mescolando per amalgamare.

12. Polpette alla griglia gallese

Ingrediente

- 1 libbra   Fegato di manzo / maiale

- 2 libbre   Carne di maiale macinata magra

- 4 once   (1/2 tazza) pangrattato

- 2   Cipolla grande tritata fine

- 2 cucchiaini di salvia

- 2 cucchiaini di timo

- 2 cucchiaini di prezzemolo essiccato

- 1 pizzico di noce moscata

- Sale e pepe a piacere

- 3 once   Suet

- Farina per spolverare

a) Tritare finemente il fegato (più facile se congelato)
   e sciacquare con acqua.

b) Aggiungere la carne di maiale macinata, il
   pangrattato, le cipolle, la salvia, il timo, il
   prezzemolo, la noce moscata e sale e pepe. Mettete
   un po 'di farina sul fondo di una pirofila, unite lo
   strutto e passate leggermente.

c) Formare delle palline più grandi di una polpetta ma
   più piccole di una pallina da tennis. Utilizzare uno
   spray da cucina antiaderente per ungere una
   pirofila da forno spruzzata di 12 pollici quadrati.
   Mettere le polpette nel piatto e coprire con un
   foglio. Cuocere in forno preriscaldato a 400 gradi
   per 40 minuti.

d) Rimuovere la pellicola e scolare il grasso. Addensare
   il grasso con farina o amido di mais per fare un sugo,
   aggiungere l'addensante circa 1 cucchiaino alla volta
   per ottenere la consistenza che ti piace e versare
   un po 'del sugo intorno alla carne. Metti le polpette,
   alla romana

13. Kofta afghano

Ingrediente

- 1 cipolla tritata finemente
- 1 peperone verde tritato finemente
- 1 libbra di carne macinata
- 1 cucchiaino di spicchio d'aglio tritato finemente
- $\frac{1}{2}$ cucchiaino di semi di coriandolo macinato
- Sale e pepe a piacere

a) Impastare insieme la carne di manzo, la cipolla, il pepe, l'aglio e il sale e il pepe.

b) Lasciar riposare 30 minuti per amalgamare i sapori. Formare 16 palline ovali.

c) Infilare 4 spiedini alternando un quarto di cipolla, un quarto di peperone verde e un pomodorino su ogni spiedino. Grigliare per circa 5 minuti fino a doratura, girare e grigliare l'altro lato.

14. Polpette polinesiane

Ingrediente

- 1   Uovo sbattuto

- ¼ di tazza Pangrattato fine e secco

- 2 cucchiai di coriandolo fresco, tagliato a pezzetti

- 2   Spicchi d'aglio, tritati

- ⅛ cucchiaino Pepe rosso macinato

- ¼ di cucchiaino di sale

- 1 libbra   Carne macinata magra
- $\frac{1}{4}$ di tazza di arachidi, tritate finemente
- Junks di ananas fresco o 1
- 20 Oz può pezzi di ananas, scolati
- $1\frac{1}{4}$ tazza di salsa agrodolce

a) In una ciotola media, unire l'uovo, il pangrattato, il coriandolo, l'aglio, il peperoncino e il sale. Aggiungi le arachidi e il manzo. Mescolare bene.

b) Formare delle polpette da 1 ". Mettere in una pirofila bassa e infornare per 20 minuti a 350 o fino a quando non sarà più rosa.

c) Sfornare e scolare. (Per preparare in anticipo, raffreddare le polpette quindi lasciarle raffreddare per un massimo di 48 ore.) Mettere una polpetta e un pezzo di ananas sullo spiedo e tornare nella teglia.

15. polpette greche

Ingrediente

- 1 libbra   Hamburger

- 4 fette di pane inumidito

- 1 cipolla piccola tritata o grattugiata

- $\frac{1}{2}$ cucchiaino di origano

- 1 uovo sbattuto Sale e pepe a piacere

a) Mescola tutti gli ingredienti insieme. Formare delle palline e infarinare fino a coprirle completamente.

Friggere in padella contenente vegetable di pollice di olio vegetale.

b) Cuocere da un lato e poi capovolgere. Aggiungere olio se necessario. Scalda l'olio a fuoco medio. Dovrebbero fare circa 20 polpette.

16. Polpette di carne scozzesi

Ingrediente

- 1 libbra   Carne macinata magra

- 1 uovo, leggermente sbattuto

- 3 cucchiai di farina

- $\frac{1}{4}$ di cucchiaino Pepe nero appena macinato

- 3 cucchiai di cipolla tritata

- 3 cucchiai di olio vegetale
- ⅓ tazza di brodo di pollo
- 1   8 once può ananas schiacciato, scolato
- 1 cucchiaio e mezzo di amido di mais
- 3 cucchiai di salsa di soia
- 3 cucchiai di aceto di vino rosso semplice
- 2 cucchiai d'acqua
- $\frac{1}{4}$ di tazza di whisky scozzese
- ⅓ tazza di brodo di pollo
- $\frac{1}{2}$ tazza di peperone verde a cubetti

a) Combina i primi sei ingredienti. Delicatamente forma in palline di circa 1 pollice di diametro.

b) Rosolare tutto nell'olio in una padella da 10 pollici.

c) Nel frattempo, prepara la seguente salsa scozzese.

d) Aggiungere le polpette e il peperone verde. Cuocere dolcemente per altri 10 minuti circa. Servire con riso.

17. Polpette tedesche croccanti

Ingrediente

- $\frac{1}{2}$ libbre Salsiccia di maiale macinata

- $\frac{1}{4}$ di tazza di cipolla tritata

- 1 lattina 16 Oz crauti, scolarli e tritarli

- 2 cucchiai di pangrattato, secco e fine

- 1 confezione di crema di formaggio, ammorbidire

- 2 cucchiai di prezzemolo

- 1 cucchiaino di senape preparata

- $\frac{1}{4}$ di cucchiaino di sale all'aglio

- $\frac{1}{8}$ cucchiaino di pepe

- 1 tazza di maionese

- $\frac{1}{4}$ di tazza di senape preparata

- 2 uova

- $\frac{1}{4}$ di tazza di latte

- $\frac{1}{2}$ tazza di farina

- 1 tazza di pangrattato, fine

- Veg. olio

a) Unisci la salsiccia e la cipolla nella padella e nel pangrattato.

b) Unisci il formaggio e i prossimi 4 ingredienti nella ciotola; aggiungere il composto di salsiccia, mescolando bene.

c) Formare il composto di salsiccia in palline da $\frac{3}{4}$ "; rotolare nella farina. Immergere ciascuna pallina nella miscela di uova riservata; rotolare le palline nel pangrattato.

d) Versare l'olio a una profondità di 2 "nel forno; scaldare a 375 gradi. Friggere fino a doratura.

18. Polpette hawaiane

Ingrediente

- 2 libbre   carne di manzo macinata

- ⅔ tazza di briciole di cracker Graham

- ⅓ tazza di cipolla tritata

- ¼ di cucchiaino di zenzero

- 1 cucchiaino di sale

- 1 uovo

- ¼ di tazza di latte

- 2 cucchiai di amido di mais

- ½ tazza di zucchero di canna

- ⅓ tazza di aceto

- 1 cucchiaio di salsa di soia

- ⅓ tazza di pepe verde tritato

- Lattina da 13½ once di ananas tritato

a) Mescolare la carne macinata, le briciole di cracker, la cipolla, lo zenzero, il sale, l'uovo e il latte e formare delle palline da 1 pollice. Fate rosolare e mettete in una pirofila.

b) Mescolare la maizena, lo zucchero di canna, l'aceto, la salsa di soia e il peperone verde. Cuocere a fuoco medio fino a quando non si sarà addensato. Aggiungi l'ananas schiacciato e il succo.

c) Scaldare e versare sulle polpette. Scaldate bene e servite.

19. Polpette scandinave

Ingrediente

- Miscela di polpette di base

- $\frac{1}{8}$ cucchiaino di cardamomo; terra

- 1 cucchiaio di olio vegetale

- $1\frac{1}{4}$ tazza Brodo di manzo pronto da servire

- $\frac{1}{4}$ di cucchiaino di erba di aneto

- 1 cucchiaio di amido di mais

- 2 cucchiai di vino bianco secco

- 2 tazze di tagliatelle; cucinato

a) Unisci gli ingredienti della miscela base di polpette
    con il cardamomo, mescolando leggermente ma
    accuratamente. Formare il composto in 12 polpette.

b) Rosolare le polpette in olio bollente in un'ampia
    padella a fuoco medio. Versare il gocciolamento.
    Aggiungere il brodo di manzo e l'erba di aneto alle
    polpette in padella, mescolando per unire.

c) Portare ad ebollizione; ridurre il calore. Coprire
    bene e cuocere a fuoco lento per 20 minuti.
    Sciogliere la maizena nel vino bianco. Aggiungere
    alla padella e continuare la cottura fino a quando
    non si sarà addensato, mescolando continuamente.

20. Polpette di carne messicane

Ingrediente

- 500 grammi di manzo macinato; (1 libbra)

- 500 grammi di carne di maiale macinata; (1 libbra)

- 2 Spicchi d'aglio; schiacciato

- 50 grammi   Pangrattato bianco fresco; (2 once)

- 1 cucchiaio di prezzemolo tritato fresco

- 1 uovo

- Sale e pepe nero appena macinato

- 2 cucchiai di olio

- 1 barattolo da 275 grammi gusto taco

- 50 grammi   Formaggio cheddar; grattugiato (2oz)

a) Mescolare la carne e l'aglio, il pangrattato, il prezzemolo, l'uovo e il condimento e formare 16 palline.

b) Scaldare l'olio in una padella e friggere le polpette a intervalli per farle dorare dappertutto.

c) Trasferire su una pirofila da forno e versare sopra il condimento di taco. Coprire e cuocere in forno preriscaldato a 180 ° C, 350 ° F, Gas Mark 4 per 30 minuti.

d) Cospargere con il formaggio grattugiato e rimettere in forno scoperto e continuare la cottura per altri 30 minuti.

21. Polpette norvegesi in gelatina d'uva

Ingrediente

- 1 tazza di pangrattato; morbido

- 1 tazza di latte

- 2 libbre   carne di manzo macinata

- $\frac{3}{4}$ libbre Carne di maiale macinata; magra

- $\frac{1}{2}$ tazza di cipolla; tritato

- 2 uova; picchiato

- 2 cucchiaini di sale

- 1 cucchiaino di pepe

- $\frac{1}{2}$ cucchiaino di noce moscata

- $\frac{1}{2}$ cucchiaino di pimento

- $\frac{1}{2}$ cucchiaino di cardamomo

- $\frac{1}{4}$ di cucchiaino di zenzero

- 2 cucchiai di pancetta sgocciolata; o olio per insalata

- 8 once   Gelatina d'Uva

a) Immergere il pangrattato nel latte per un'ora. Unisci carne macinata di manzo, maiale e cipolla. Aggiungere le uova, il latte, il composto di pangrattato. Aggiungere sale, pepe e spezie.

b) Mescolare bene e montare con una forchetta. Raffredda una o due ore. Formare delle palline, passarle nella farina e farle rosolare nella pancetta sgocciolata o nell'olio. Agitare una padella o una padella pesante per arrotolare le polpette di carne nel grasso caldo.

c) Mettere in una pentola di coccio con 1 vasetto di gelatina d'uva e cuocere a LENTA per un'ora.

22. Polpette tailandesi piccanti con le tagliatelle

Ingrediente

- 1 libbra   Carne di maiale macinata

- 1 uovo grande

- ½ tazza di arachidi tostate a secco, tritate finemente

- ¼ di tazza di coriandolo fresco tritato o prezzemolo

- ¾ cucchiaino di sale

- 1   3 3/4 oz pkg spaghetti di cellophane

- ½ tazza di burro di arachidi a pezzi

- 1 cucchiaio di scorza di limone grattugiata

- $\frac{1}{4}$ di cucchiaino di pepe di Caienna rosso macinato

- 1 cetriolo piccolo, affettato

- 1 carota piccola, sbucciata e affettata sottilmente o tagliata a bastoncini sottili

- Olio vegetale Coriandolo fresco o rametti di prezzemolo,

a) Unisci carne di maiale, uova, arachidi tritate, coriandolo tritato e sale.

b) Formare il composto in palline da 1 ". In una padella da 12" a fuoco medio-alto, scaldare 2 cucchiai di olio; aggiungere le polpette. Cuocere per circa 12 minuti, girando spesso fino a quando non saranno ben dorati su tutti i lati.

c) Nel frattempo, aggiungi le tagliatelle.

d) Quando le polpette sono cotte, incorporare il burro di arachidi, la scorza di limone grattugiata e il peperoncino macinato.

23. Polpette di campagna ucraina "bitki"

Ingrediente

- 1 ½ libbra di funghi freschi o

- ¼ di libbra Funghi secchi

- 2 libbre   Mandrino di manzo macinato disossato

- 3 ciascuno   Cipolle grandi tritate bene

- ½ tazza di burro o margeraine

- 1 spicchio d'aglio tritato

- 1 tazza di farina

- 2 cucchiai di pangrattato

a) Mescola il ⅓ delle cipolle, della carne, del pangrattato, del sale e del pepe e dell'aglio. Formare delle palline di questo composto di ca. 2 pollici di diametro. Appiattire queste palline e infarinare e far rosolare entrambi i lati nel burro.

b) Mettere a bagno i funghi in acqua fredda se si utilizzano funghi secchi. Far bollire per 30 minuti poi scolare e mettere da parte il brodo. Rosolare il mix di cipolla e funghi nel burro.

c) Mettete le rimanenti cipolle tritate come uno strato in una pentola capiente, mettete ½ della miscela di cipolla e funghi cotta su questo strato di cipolla tritata cruda.

d) Posizionare il bitki sopra questo strato e coprire con il composto di cipolla e funghi rimanenti.

24. Spaghetti alle polpette di tacchino

Ingrediente

- $\frac{3}{4}$ libbre Petto di tacchino senza pelle macinato o tacchino macinato

- $\frac{1}{4}$ di tazza di carota sminuzzata

- $\frac{1}{4}$ di tazza di cipolla tritata

- $\frac{1}{4}$ di tazza di pangrattato secco

- 1 cucchiaio di basilico fresco tritato OPPURE 1 cucchiaino di foglie di basilico essiccate

- 2 cucchiai di latte scremato

- $\frac{1}{2}$ cucchiaino di sale; se desiderato

- $\frac{1}{4}$ di cucchiaino di pepe

- 1 spicchio d'aglio; schiacciato

- 3 tazze di salsa per spaghetti preparati

- 2 tazze di spaghetti o spaghetti di zucca cotti a caldo

- Parmigiano grattugiato; se desiderato

a) In una ciotola media, unire il tacchino macinato, la carota, la cipolla, il pangrattato, il basilico, il latte, il sale, il pepe e l'aglio; mescolare bene. Forma la miscela di tacchino in palline da 1 pollice.

b) In una grande casseruola, unire le polpette e la salsa. Copertina; cuocere a fuoco medio per 10-15 minuti fino a quando le polpette non saranno più rosa al centro, mescolando di tanto in tanto.

c) Servire con spaghetti cotti o spaghetti di zucca. Completare con il parmigiano.

25. Polpette russe (bitochki)

Ingrediente

- 1 libbra   carne di manzo macinata

- 1 libbra   Vitello macinato

- $\frac{1}{2}$ tazza di cipolla tritata

- $\frac{1}{4}$ di tazza di grasso renale reso

- 2 fette Break, ammollate nel latte, strizzate a secco

- 2 cucchiaini di sale

- Pepe macinato

- Pangrattato fine

- Burro o grasso di manzo

- 2 tazze di panna acida

- ½ libbra di funghi a fette, saltati in padella

a) Cuocere la cipolla nel grasso di rene reso appassito. Mescolare carne di manzo, vitello, cipolla, pane, sale e poco pepe. Impastare bene e raffreddare.

b) Bagnare le mani e formare delle palline delle dimensioni di palline d'oro. Arrotolare le briciole e friggere nel burro o nel grasso di manzo fino a doratura. Rimuovere e tenere in caldo.

c) Aggiungere la panna acida e i funghi nella padella. Calore. Versare la salsa sulla carne.

26. Polpette mediterranee

Ingrediente

- 1 libbra   Carne di manzo macinata, sbriciolata

- 3 cucchiai di pangrattato secco non stagionato

- 1 uovo grande

- 1 cucchiaino di fiocchi di prezzemolo essiccato

- 2 cucchiai di margarina

- $\frac{1}{4}$ di cucchiaino di aglio in polvere

- $\frac{1}{2}$ cucchiaino di foglie di menta essiccate, schiacciate

- $\frac{1}{4}$ di cucchiaino di foglie di rosmarino essiccate, schiacciate

- $\frac{1}{4}$ di cucchiaino di pepe

- 1 cucchiaino di fiocchi di prezzemolo essiccato

a) Unisci tutti gli ingredienti delle polpette in una ciotola media. Formare il composto in 12 polpette.

b) Mettere la margarina, l'aglio in polvere e il parley in una tazza da 1 tazza.

c) Forno a microonde ad alta per 45 secondi a 1 minuto o fino a quando il burro si scioglie.

d) Immergere le polpette nella miscela di margarina per coprire e disporle su una griglia.

e) Forno a microonde ad alta per 15-18 minuti, o fino a quando le polpette sono sode e non più rosa al centro, ruotando la griglia e riorganizzando le polpette due volte durante il tempo di cottura. Se lo si desidera, servire con riso cotto caldo o cuscus.

27. Zuppa cinese di polpette e crescione

Ingrediente

- 8 once   Castagne d'acqua

- 1 libbra   Maiale magro finemente macinato

- 4 ½ cucchiaino di zenzero fresco sbucciato e tritato

- Pepe bianco macinato, quanto basta

- 1 cucchiaino e mezzo di salsa di soia

- 2 cucchiaini di amido di mais

- Sale qb

LA MINESTRA:

- 5 tazze di brodo vegetale

- 5 tazze di brodo di pollo

- sale

- Pepe nero appena macinato

- 2 mazzi di crescione, tritati

- 3 cipolle verdi, tritate finemente

a) Tritate finemente 12 castagne d'acqua. Riservare i restanti per guarnire.

b) Unire il maiale, lo zenzero, le castagne d'acqua tritate, la salsa di soia, la maizena, il sale e il pepe. Mescolare bene e formare delle palline di $\frac{3}{4}$ di pollice di diametro.

c) Portare a ebollizione il brodo vegetale e il brodo di pollo in una pentola capiente. Mettere un quarto delle polpette nel brodo e cuocere a fuoco lento finché non raggiungono la superficie.

d) Aggiungere il crescione e le cipolle verdi.

28. Keftedes [polpette greche]

Ingrediente

- 1 ½ libbra Bistecca tonda macinata

- 2 uova; leggermente battuto

- ½ tazza di pangrattato; bene, morbido

- 2 cipolle medie; tritato

- 2 cucchiai di prezzemolo; fresco, tritato

- 1 cucchiaio di menta; fresco, tritato

- ¼ di cucchiaino di cannella

- ¼ di cucchiaino di pimento

- Sale e pepe macinato fresco

- Accorciamento per friggere

a) Unisci tutti gli ingredienti tranne il grasso e mescola bene.

b) Mettete in frigorifero per diverse ore. Formare delle palline e friggerle nella pasta frolla sciolta. Servire caldo.

29. Polpette francesi

Ingrediente

- 1 libbra   Pollo o tacchino macinati

- $\frac{1}{2}$ tazza di pangrattato

- 1 uovo

- 1 cucchiaino di prezzemolo in scaglie

- $\frac{1}{2}$ cucchiaino di Cipolla in polvere

- $\frac{1}{4}$ di cucchiaino di sale

- $\frac{1}{8}$ cucchiaino di pepe

- $\frac{1}{8}$ cucchiaino di noce moscata

- 2 cucchiai di olio vegetale

- 1 vasetto di salsa di pollo da cucina

- $\frac{1}{4}$ di cucchiaino di sale

- $\frac{1}{4}$ di cucchiaino di pepe

- 1 tazza e mezzo di piselli surgelati

- $\frac{1}{2}$ tazza di panna acida

- 8 once   Tagliatelle all'uovo larghe, cotte e scolate

a) In una ciotola grande, unire il pollo macinato, il pangrattato, l'uovo, il prezzemolo, la cipolla in polvere, $\frac{1}{4}$ di cucchiaino di sale, $\frac{1}{8}$ di cucchiaino di pepe e la noce moscata. Formare delle polpette da $1\frac{1}{2}$ pollici.

b) Rosolare le polpette su tutti i lati in olio vegetale; scolare il grasso. Aggiungere la salsa, $\frac{1}{4}$ di cucchiaino di sale, $\frac{1}{8}$ di cucchiaino di pepe e piselli.

c) Cuocere a fuoco lento, coperto, 30 minuti o fino a quando le polpette sono ben cotte; mescolare di tanto in tanto. Aggiungi la panna acida.

30. Polpette di agnello mediorientali

Ingrediente

- 1 ½ libbra di agnello macinato

- ½ tazza di cipolla; tritato

- ½ tazza di prezzemolo fresco; tritato

- 3 cucchiai di farina

- 3 cucchiai di vino rosso; (o acqua)

- 1 cucchiaino e mezzo di sale

- ½ cucchiaino di pepe appena macinato

- $\frac{1}{2}$ cucchiaino di pimento

- $\frac{1}{4}$ di cucchiaino di cannella

- $\frac{1}{4}$ di cucchiaino di pepe di Caienna

a) Unisci gli ingredienti, mescola bene e forma 18 polpette.

b) Posizionare circa 4-6 pollici sopra i carboni ardenti o cuocere alla griglia a circa 4 pollici dalla fonte di calore per circa 15-20 minuti, girando spesso o fino a quando l'agnello non è pronto.

31. Zuppa di polpette asiatiche

Ingrediente

- 2 quarti di brodo di pollo

- $\frac{1}{4}$ di libbra Carne di maiale macinata

- 1 cucchiaio di scalogno tritato

- 1 cucchiaio di salsa di soia

- 1 cucchiaino di zenzero tritato finemente

- 1 cucchiaino di olio di sesamo

Involtini di gamberetti:

- $\frac{1}{4}$ libbre gamberetti macinati

- $\frac{1}{2}$ tazza di spaghetti di cellophane, cotti

- 1 cucchiaino e mezzo di salsa di soia

- 1 cucchiaino di scalogno tritato

- 1 cucchiaino di aglio tritato

- 6 Foglie di cavolo napa

- 6 Scalogno lungo

- Scalogno tritato, per guarnire

a) In una pentola per zuppa scaldare lentamente il brodo di pollo fino a farlo sobbollire. Prepara le polpette: unisci gli ingredienti e forma⅓palline da pollici.

b) Prepara involtini di gamberetti: unisci i gamberi e i prossimi 4 ingredienti. Disporre le foglie di cavolo cappuccio, versare al centro 1 cucchiaio e mezzo di ripieno e piegare come un rotolo di uova; legare saldamente con uno scalogno.

c) Metti con cura le polpette e gli involtini di gamberetti nel brodo bollente. Cuocere a fuoco lento, 15 minuti.

d) Metti un po 'di scalogno tritato nella pentola, aggiusta il condimento e servi.

32. Panino con polpette italiane

Ingrediente

- 1 libbra   Mandrino tondo o rettificato

- ½ libbre di maiale macinato

- 1½ tazza di formaggio grattugiato

- 2 tazze di pangrattato di pane secco fine

- Una manciata di prezzemolo tritato essiccato

- 2 uova

- $\frac{3}{4}$ tazza di latte

- Sale pepe

- 1 litro di salsa di pomodoro e 1 lattina di concentrato di pomodoro

- 1 pinta di pomodori interi, schiacciati

- vino rosso

- Maiale al sale

- Sale, pepe, sale all'aglio qb

- Basilico secco dolce, Maggiorana secca

- 4 spicchi d'aglio, tritati

a) Prepara la salsa

b) Preparare le polpette: mettere tutti gli ingredienti, tranne il latte, in una ciotola capiente e mescolare bene.

c) Formare una piccola porzione del composto di carne in una palla di circa 2 "di diametro. Cuocerle fino a formare una bella crosticina all'esterno.

33. Kefta egiziano

Ingrediente

- 1 libbra di agnello macinato

- 1 cucchiaino di sale

- $\frac{1}{2}$ ts Portata di pepe macinato

- Crescione Tritato

- mazzo di prezzemolo

a) Unire carne, sale e pepe, formare in 5 o 6 ovali di quattro pollici.

b) Infilare lo spiedino e grigliare 5 minuti fino a quando non diventa marrone, girare e grigliare l'altro lato. Servire su un letto di crescione. Cospargere abbondantemente di prezzemolo tritato. Accompagnare con pane pita.

34. Polpette europee in salsa di panna

Ingrediente

- 8 once   Rotondo di manzo macinato magro

- 8 once   Carne di maiale macinata magra o spalla di vitello

- 1 cipolla gialla piccola; tritato

- $\frac{1}{2}$ cucchiaino di sale, pepe nero

- $\frac{1}{4}$ di cucchiaino di timo essiccato; sbriciolato

- $\frac{1}{4}$ cucchiaino Maggiorana o origano; sbriciolato

- $\frac{1}{4}$ di cucchiaino Noce moscata macinata

- 1 $\frac{1}{2}$ tazza di pangrattato fresco

- 2 cucchiai di burro

- 2 cucchiai di farina 00

- $1\frac{1}{2}$ tazza di brodo di manzo

- 2 cucchiai di aneto tritato -oppure-

- 2 cucchiaini di erba secca di aneto

- $\frac{1}{2}$ tazza di panna pesante o leggera

a) In una ciotola mescolate con le mani carne di manzo, maiale, cipolla, sale, pepe, timo, maggiorana, noce moscata, pangrattato e acqua.

b) Forma la miscela in palline da 2 pollici. Grigliare su ogni lato o fino a quando non saranno leggermente dorati.

c) Per preparare la salsa, sciogliere il burro in una padella pesante da 10 pollici a fuoco moderato. Unisci la farina per ottenere una pasta liscia. Trasferisci le polpette nella salsa.

d) Mescolare l'aneto e aggiungere la panna e mescolare fino a quando la salsa è liscia, circa 1 minuto. Aggiungi un blush di paprika e l'aneto. Servire con patate o pasta all'uovo imburrata.

35. Polpette danesi (frikadeller)

Ingrediente

- ½ libbre di vitello

- ½ libbra di maiale

- 1 grammo di cipolla

- 2 tazze di latte

- Pepe qb

- 2 cucchiai di farina o 1 tazza di pangrattato

- 1 uovo

- Sale qb

a) Mettere insieme carne di vitello e maiale con un tritatutto 4 o 5 volte. Aggiungere la farina o il pangrattato, il latte, l'uovo, la cipolla, il sale e il pepe. Mescola bene.

b) Goccia su una padella da un cucchiaio grande e friggi a fuoco basso.

c) Servire con burro rosolato, patate e cavolo cappuccio in umido.

36. Polpette di carne svedesi facili

Ingrediente

- 2 libbre   Carne macinata (manzo, vitello e maiale)

- 1 cipolla, grattugiata

- ½ tazza di pangrattato

- un pizzico di sale, pepe

- 1 cucchiaino di salsa Worcestershire

- 2 uova sbattute

- 4 cucchiai di burro

- 2 tazze di brodo o consomme

- 4 cucchiai di farina

- $\frac{1}{4}$ di tazza di Sherry

a) Mescolare i primi sei ingredienti, formare delle palline. Rosolare nel burro.

b) Aggiungere il brodo, coprire la padella e cuocere a fuoco lento per 15 minuti. Rimuovere le polpette, tenere al caldo. Addensare il sugo con la farina frullata con poca acqua fredda. Cuocere 5 minuti, aggiungere lo sherry. Riscalda le polpette nel sugo.

37. Polpette di carne tedesche

Ingrediente

- 1 libbra   Manzo, macinato

- 1 libbra   Maiale, macinato

- 1   Cipolla grattugiata

- ⅓ tazza Briciole di pane

- un pizzico di sale

- un pizzico di pepe

- un pizzico di noce moscata

- 5   Albume d'uovo, sbattuto duro

- 3 tazze di acqua

- 1 Cipolla, tagliata fine

- 4 Foglie di alloro

- 1 cucchiaio di zucchero

- 1 cucchiaino di sale

- $\frac{1}{2}$ cucchiaino di pimento e pepe in grani

- $\frac{1}{4}$ di tazza di aceto di dragoncello

- 1 cucchiaio di farina

- 5 tuorli d'uovo, sbattuti

- 1 limone, a fette

- capperi

a) POLPETTE: Mescolare tutti gli ingredienti aggiungendo per ultimi gli albumi sbattuti. Formare delle palline. SALSA: Bollire i primi 6 ingredienti 30 minuti. Sforzo; Portare a ebollizione, aggiungere le polpette e cuocere a fuoco lento per 15 minuti. Rimuovere le polpette sul piatto caldo, mantenendole calde. Aggiungi l'aceto al liquido.

38. Stufato di polpette del Ghana

Ingrediente

- 2 libbre   Carne di manzo macinata

- 1 cucchiaino di succo di limone

- 1 uovo grande; Leggermente battuto

- 1 tazza di cipolle; Tritato

- 1 cucchiaino di sale, 1 cucchiaino di pepe nero

- 1 pizzico di aglio in polvere

- 1 cucchiaino di noce moscata macinata

- 1 $\frac{1}{2}$ cucchiaio di farina per tutti gli usi

- $\frac{1}{2}$ tazza di olio da cucina

- 1 cipolla media; Affettato

- 1 tazza di salsa di pomodoro

- 1 pomodoro medio; Pelati e affettati

- 1 peperone verde; Affettato

a) In una grande ciotola unire la carne macinata con il tenero, il succo di limone, l'uovo, le cipolle, il sale, il pepe a scelta, l'aglio e la noce moscata.

b) Formare circa una dozzina di polpette della dimensione di un cucchiaio di carne di manzo condita.

c) Nel frattempo, scaldare l'olio in una padella larga a fuoco medio. Rosolare uniformemente tutti i lati delle polpette usando un cucchiaio di metallo per girarle.

d) Per preparare il sugo mettere il restante olio da cucina in una padella larga e pulita e far rosolare tutta la farina rimanente. Aggiungere le cipolle, la salsa di pomodoro, il pomodoro a fette e il peperone verde.

e) Aggiungere le polpette di carne rosolate riservate, coprire e ridurre la fiamma a ebollizione.

39. Polpette di antipasto dell'estremo oriente

Ingrediente

- 1 lattina di carne per il pranzo di spam; (12 once)

- ⅔ tazza Pangrattato secco

- ½ tazza di germogli di soia ben scolati tritati

- ¼ di tazza di cipolle verdi tritate

- ¼ di cucchiaino di zenzero in polvere

- Pepe nero appena macinato; assaggiare

- Scelte di cocktail

SALSA D'ACCOMPAGNAMENTO

- 1 tazza di succo di pomodoro

- ¼ di tazza di pepe verde tritato finemente

- ⅓ tazza di cipolle verdi tritate finemente

- ¼ di cucchiaino di zenzero macinato

a) Combina lo Spam macinato con pangrattato, fagioli sporchi, cipolla, zenzero e pepe.

b) Formare la miscela in 24 palline. Mettere sulla griglia in una teglia bassa; infornare in forno a 425 gradi per 15 minuti. Raffreddare a temperatura ambiente.

c) Spear le polpette su stuzzicadenti e immergili nella salsa calda dell'Estremo Oriente.

d) Salsa da immersione dell'Estremo Oriente: in una piccola casseruola, unire tutti gli ingredienti. Portare ad ebollizione; cuocere a fuoco lento, scoperto, 5 minuti. Servire caldo.

40. Polpette indonesiane

Ingrediente

- 500 grammi di carne di maiale macinata

- 1 cucchiaino di zenzero fresco grattugiato

- 1 Cipolla; tritato molto finemente

- 1 Uovo; picchiato

- ½ tazza di pangrattato fresco

- 1 cucchiaio di olio

- 1 cipolla; a dadini

- 1   Spicchio d'aglio; schiacciato

- 1 cucchiaino di zenzero fresco grattugiato

- $\frac{1}{4}$ di cucchiaino di coriandolo macinato

- 1 lattina di panna ridotta Nestlé

- 2 cucchiai di cocco fine

- 4 cucchiaini di salsa di soia

- $\frac{1}{4}$ di tazza di burro di arachidi croccante

a) Unire la carne di maiale tritata, la radice di zenzero, la cipolla, l'uovo e il pangrattato. Mescolare bene.

b) Aggiungere le polpette e cuocere finché non saranno dorate dappertutto.

c) Mettere il burro nella padella. Aggiungere la cipolla e cuocere per 2-3 minuti.

d) Incorporare l'aglio, la radice di curry allo zenzero in polvere e il coriandolo macinato.

e) Aggiungere la risma ridotta, l'acqua e il cocco. Mescolare fino a che liscio, quindi aggiungere la salsa di soia e il burro di arachidi. Aggiungi le polpette.

41. Polpette libanesi

Ingrediente

- ½ tazza di cipolla tritata

- 3 cucchiai di burro

- 1 libbra   carne di manzo macinata

- 1 uovo, sbattuto

- 2 fette di pane ammollato in 1/2 tazza. latte

- 1 cucchiaino di sale

- ⅛ cucchiaino di pepe

- 1 tazza di pangrattato secco

- 2 tazze di yogurt bianco

a) Preparazione: soffriggere la cipolla in 1 cucchiaio di burro fino a renderla trasparente.

b) Raffreddare leggermente. Mescolare con carne, uovo, pane e condimento. Formare delle palline da $1\frac{1}{4}$ di pollice e arrotolarle nel pangrattato secco. Rosolare lentamente nei restanti 2 cucchiai di burro. Scolare tutto tranne 2 cucchiai di grasso.

c) Metti delicatamente lo yogurt sopra e intorno alle polpette. Fai bollire per 20 minuti. Servire caldo con riso o pilaf di grano.

42. Polpette e peperoni della California

Ingrediente

- 3 cucchiai di olio d'oliva

- 1 peperone rosso grande, privato del torsolo, senza semi

- 1 peperone verde grande, privato del torsolo, senza semi

- 1 peperone giallo grande, privato del torsolo, senza semi

- 1 cipolla grande, tagliata a spicchi

- ⅓ libbre Carne macinata

- ⅓ libbre Carne di maiale macinata

- ⅓ libbre carne di vitello macinata

- 1 uovo grande

- ¼ di tazza di pane grattugiato fine

- ¼ di tazza di prezzemolo fresco tritato

- 1 cucchiaino di semi di finocchio, schiacciati

- 1¼ cucchiaino di sale

- ¼ di cucchiaino di pepe nero

- ½ tazza di olive nere snocciolate, tagliate a metà

a) In una padella da 12 "a fuoco medio, scaldare 1 cucchiaio di olio d'oliva, aggiungere i peperoni rossi, verdi e gialli e la cipolla.

b) Unire il Butcher's Blend, l'uovo, il pangrattato, il prezzemolo, i semi di finocchio, ¼ di cucchiaino. sale e pepe nero.

c) Formare la miscela in palline da 1¼ ". Cuocere.

43. Polpette alla cantonese

Ingrediente

- 1 libbra   carne di manzo macinata

- $\frac{1}{4}$ di tazza di cipolle tritate

- 1 cucchiaino di sale

- 1 cucchiaino di pepe

- $\frac{1}{2}$ tazza di latte

- $\frac{1}{4}$ di tazza di zucchero

- 1 cucchiaio e mezzo di amido di mais

- 1 tazza di succo d'ananas

- $\frac{1}{4}$ di tazza di aceto

- 1 cucchiaino di salsa di soia

- 1 cucchiaio di burro

- 1 tazza di sedano a fette

- $\frac{1}{2}$ tazza di pepe a fette

- $\frac{1}{2}$ tazza di mandorle a scaglie, saltate

- Formare 20 piccole polpette di carne di manzo, cipolle, sale, pepe e latte.

a) Unisci lo zucchero e la maizena; mescolare i liquidi e aggiungere il burro.

b) Cuocere a fuoco basso fino a quando diventa chiaro, mescolando continuamente.

c) Aggiungere le verdure e scaldare delicatamente 5 minuti.

d) Mettere le polpette su un letto di riso cotto, condire con la salsa e cospargere di mandorle.

POLPETTE DA COCKTAIL STuzzicadenti

44. Polpette di cocktail festose

Ingrediente

- 1 ½ libbra di carne macinata

- 1 tazza di riso MINUTE

- 1 lattina (8oz) Ananas schiacciato in succo

- ½ tazza di carota [finemente tritata]

- ½ tazza di cipolla [tritata]

- 1 uovo [sbattuto]

- 1 cucchiaino di zenzero [macinato]

- 8 once   condimento francese

- 2 cucchiai di salsa di soia

a) Mescolare insieme tutti gli ingredienti tranne gli ultimi 2, in una ciotola, quindi formare delle polpette da 1 ".

b) Disporre su una teglia unta e infornare in forno preriscaldato.

c) Mescolare la salsa di soia e il condimento.

d) Servire le polpette calde con il condimento.

45. Polpette di antipasto Chipotle

Ingrediente

- 1 cipolla media; tritato

- 4 Spicchi d'aglio; tritato

- 1 cucchiaio di olio vegetale

- 1 tazza di salsa di pomodoro

- 2 tazze di brodo di manzo

- $\frac{1}{4}$ di tazza di Chipotles adobo insieme alla salsa

- 1 libbra   carne di manzo macinata

- 1 libbra   Carne di maiale macinata

- $\frac{1}{2}$ tazza di cipolla tritata finemente

- $\frac{1}{4}$ di tazza di coriandolo fresco tritato finemente

- $\frac{1}{2}$ tazza di pangrattato

- 1 uovo; picchiato

- Sale e pepe nero appena macinato

- Olio vegetale per friggere

a) Soffriggere la cipolla e l'aglio nell'olio finché non saranno leggermente dorati. Aggiungere la salsa di pomodoro, il brodo e le patatine fritte in salsa di adobo.

b) Unisci il manzo, il maiale, la cipolla, il coriandolo, il pangrattato, l'uovo e condisci con sale e pepe. Mescolare delicatamente e poi formare delle piccole polpette.

c) Versare un paio di cucchiai d'olio in una casseruola pesante e far rosolare le polpette.

46. Polpette di mirtilli rossi cocktail

Ingrediente

- 2 libbre   Chuck, terra

- 2 ciascuno   Uova

- ⅓ tazza Catsup

- 2 cucchiai di salsa di soia

- ¼ di cucchiaino di pepe

- 12 once di salsa di peperoncino

- 1 cucchiaio di succo di limone

- 1 tazza di fiocchi di mais, briciole

- ⅓ tazza di prezzemolo, fresco, tritato

- 2 cucchiai di cipolla, verde e tritata

- 1 spicchio d'aglio, pressato

- 16 once di salsa di mirtilli, ber intero

- 1 cucchiaio di zucchero di canna

a) Unisci i primi 9 ingredienti in una ciotola grande; mescolare bene. Formare il composto di carne in palline da 1 pollice.

b) Mettere in una padella jellyroll non ingrassata 15x10x1. Cuocere senza cuocere a 500 ° C per 8-10 minuti.

c) Scolare le polpette, trasferirle in uno scaldavivande e tenerle al caldo.

d) Unisci la salsa di mirtilli con gli ingredienti rimanenti in una casseruola. Cuocere a fuoco medio fino a quando bolle, mescolando di tanto in tanto; versare sulle polpette. Servire caldo.

47. Polpette Di Vino

Ingrediente

- 1 ½ libbra Chuck, macinato
- ¼ di tazza   Pangrattato, condito
- 1 cipolla media; tritato
- 2 cucchiaini   Rafano, preparato
- 2 spicchi d'aglio; schiacciato
- ¾ tazza   Succo di pomodoro
- 2 cucchiaini   sale
- ¼ di cucchiaino di pepe
- 2 cucchiai di margarina
- 1 cipolla media; tritato
- 2 cucchiai di farina, per tutti gli usi

- 1½ tazza di brodo di manzo
- ½ tazza   Vino, rosso secco
- 2 cucchiai di zucchero, marrone
- 2 cucchiai Catsup
- 1 cucchiaio   Succo di limone
- 3 Gingersnaps; sbriciolato

a) Unisci i primi 8 ingredienti, mescolando bene.
    Formare delle palline da 1 "; metterle in una pirofila
    da 13x9x2". Infornate a 450 ° per 20 minuti.
    Sfornare e asciugare il grasso in eccesso.

b) Scaldare la margarina in una padella grande;
    soffriggere la cipolla finché sono teneri. Mescolare
    la farina; aggiungere gradualmente il brodo di carne,
    mescolando continuamente. Aggiungi gli ingredienti
    rimanenti. Cuocere a fuoco basso 15 minuti;
    aggiungere le polpette e cuocere a fuoco lento per 5
    minuti.

48. Chuletas (polpette messicane da cocktail)

Ingrediente

- 2 libbre di carne macinata
- 2 tazze   Rametti di prezzemolo; Macinato
- 3 cipolle gialle; Macinato
- 2 uova grandi; leggermente battuto
- 1 cucchiaio   sale
- ½ tazza   Formaggio Parmigiano; Grattugiato fresco
- ½ cucchiaino di salsa Tabasco
- 1 cucchiaino di pepe nero
- 3 tazze   Pangrattato

- Olio d'oliva

a) Mescola tutti gli ingredienti tranne le briciole. Formare delle piccole palline da cocktail.

b) Rotolare le palline nel pangrattato. Rilassati bene. Rosolare in olio d'oliva per tre o quattro minuti. Trasferisci in uno scaldavivande. Servire con la tua salsa preferita come salsa da immersione. Rende circa 15 per libbra di carne macinata.

49. Chafing dish party polpette

Ingrediente

- 1 libbra   carne di manzo macinata

- ½ tazza di pangrattato secco fine

- ⅓cipolla coppa; tritato

- ¼ di tazza di latte

- 1   Uovo; picchiato

- 1 cucchiaio di prezzemolo fresco; tritato

- 1 cucchiaino di sale

- ½ cucchiaino di pepe nero

- 1 cucchiaio di salsa Worcestershire

- $\frac{1}{4}$ di tazza di grasso vegetale Crisco

- 1 bottiglia da 12 once di salsa al peperoncino

- 1 vasetto da 10 once gelatina d'uva

a) Formare delle polpette da 1 ". Co in una padella elettrica in accorciamento caldo a fuoco medio per 10-15 minuti o fino a doratura. Scolare su carta assorbente.

b) Unire la salsa al peperoncino e la gelatina d'uva in una casseruola media (o nella stessa padella elettrica); mescolare bene. Aggiungere le polpette e cuocere a fuoco lento per 30 minuti, mescolando di tanto in tanto. Servire con uno stuzzicadenti da uno scaldavivande per tenerlo al caldo

50. Polpette di alce cocktail

Ingrediente

- 2 libbre   Carne macinata

- 1 ogni uovo, leggermente sbattuto

- ½ cucchiaino di pepe

- 1 tazza di pangrattato fine

- 1 cucchiaino di sale

- ½ tazza di latte

- 2 cucchiaini Cipolla grattugiata

- $2\frac{1}{2}$ tazza di succo di ananas

- $\frac{1}{4}$ di tazza di farina

- 1-2 cucchiaini di accorciamento

- 1 tazza di salsa barbecue

INDICAZIONI

a) Mescolare carne, briciole, uovo, sale, pepe, latte, pepe e cipolla; Formare delle piccole polpette di carne. Marrone in accorciamento a caldo. Mescolare il succo d'ananas, la salsa barbecue e la farina. Aggiungere le polpette alla salsa.

b) Cuocere in casseruola per un'ora e mezza a 350 gradi. Può essere servito caldo o freddo su stuzzicadenti.

CONCLUSIONE

La maggior parte di noi associa le polpette ai classici della cucina italo-americana: salsa marinara stufata che ricopre le palline profumate all'origano, impilate sugli spaghetti. Ma le polpette si ritrovano anche nella cucina di altre culture, dal Medio Oriente al Sud-est asiatico. Dopotutto, una polpetta spesso fa uso di tagli di carne meno desiderabili, quelli che necessitano di tagli fini e una miriade di componenti aggiuntivi per essere gustati adeguatamente, e così i cuochi di tutto il mondo hanno capito che sono un modo ideale per utilizzare pezzi extra di duro , spalla di maiale grassa.

Qualunque sia il sapore che stai attualmente desiderando può probabilmente essere adattato alla formula di carne, pane, uova e sale. In effetti, non hai nemmeno bisogno della carne per una polpetta. Abbiamo una palla vegetariana di cui siamo davvero orgogliosi!

PADRONEGGIA L'ARTE DI PREPARARE LE POLPETTE

50 RICETTE DI ACQUA IN BOCCA

HECTOR MORGAN

forma senza l'autorizzazione scritta espressa e firmata dell'autore.

SOMMARIO

INTRODUZIONE

Una polpetta è un alimento che si definisce: è letteralmente una palla di carne. Ma prima di iniziare a raccogliere ciuffi di carne macinata in una padella e chiamare la tua triste cena "polpette", facciamo un passo indietro.

Impara come preparare tu stesso le polpette a casa e cuocile in modo che siano perfettamente dorate all'esterno ma comunque succose al centro. Ecco alcuni trucchi e suggerimenti per polpette perfette:

La carne macinata

Puoi usare qualsiasi carne macinata o un mix di carne macinata che preferisci. Il preferito dai fan è una miscela di carne macinata di manzo e maiale. Anche l'agnello macinato, il tacchino, il pollo, il vitello o il bufalo sono selvaggina leale.

Breadcrumb & Milk Binder

Un trucco per assicurarti che le polpette siano completamente tenere una volta cotte è usare un legante. Questo legante aiuta ad aggiungere umidità alle polpette e impedisce anche alle proteine   della carne di restringersi e diventare dure.

Evita di lavorare troppo la carne

Un altro trucco per tenere le polpette è non sovraccaricare la carne: mescola la carne con il legante e altri ingredienti fino a quando non sono combinati.

Arrostire vs sobbollire le polpette

Hai due opzioni: arrostirle o cuocerle a fuoco lento in una salsa. La cottura arrosto è l'opzione migliore se hai intenzione di servire le polpette in qualcosa di diverso da una salsa o se hai intenzione di congelare le polpette per dopo. La tostatura conferisce alle polpette anche un po 'più di sapore poiché l'esterno brucia al calore del forno.

Se hai intenzione di servire le polpette con una salsa, puoi anche cuocere le polpette insieme alla salsa. Non solo questo dolce sobbollire rende alcune delle polpette più tenere e saporite che tu abbia mai mangiato, ma la salsa diventa anche più ricca e saporita nel processo.

POLPETTE SANDWICH E BURGER

51. Panini caldi con polpette

Ingrediente

- 26 once di salsa per spaghetti; diviso

- ½ tazza di pangrattato fresco

- 1 cipolla piccola; tritato

- ¼ di tazza di parmigiano grattugiato o formaggio romano

- 1 Uovo

- 1 cucchiaino di fiocchi di prezzemolo essiccato

- 1 cucchiaino di aglio in polvere

- 1 libbra   carne di manzo macinata

- 4 Panini italiani

a) Preriscalda il forno a 350F. In una ciotola grande, unire ⅓ tazza di salsa per spaghetti, il pangrattato, la cipolla, il formaggio, l'uovo, il prezzemolo e l'aglio in polvere; mescolare bene. Aggiungere la carne macinata al composto; mescolare bene. Formare circa sedici polpette da 2 pollici e disporre in una teglia da forno 9 "x 13".

b) Infornate per 20 minuti. Sfornare e scolare il liquido. Versare la salsa rimanente sulle polpette e rimettere in forno per altri 10-15 minuti o fino a quando sono calde e completamente cotte.

c) Servire sui panini.

52. Sottotitoli di polpette e melanzane

Ingrediente

- 1 libbra   Carne macinata magra

- 14 once di salsa per spaghetti condita al basilico; 1 barattolo

- 1 melanzana media

- 4 $\frac{1}{2}$ cucchiaio   Olio d'oliva; Diviso

- 1 cipolla rossa media

- $\frac{1}{4}$ di libbra di funghi

- 4 pezzi   Panini o baguette francesi del panino del pane; 6-8 pollici di lunghezza

- 4 once   Provolone; 4 fette

a) Tagliate le melanzane a bistecche da $\frac{1}{2}$ pollice e mettetele su un piatto, cospargete di sale e lasciate scolare per 30 minuti.

b) Formare la carne macinata in dodici polpette del diametro di 1 $\frac{1}{2}$ pollice. Cuocetele in una pentola, a fuoco basso, ruotandole frequentemente per farle dorare in modo uniforme ed evitare che si attacchino. aggiungere la salsa per gli spaghetti. Lasciar cuocere a fuoco lento per assicurarti che le polpette siano ben cotte.

c) Scaldare 3 cucchiai di olio d'oliva e rosolare delicatamente le melanzane a fuoco medio.

d) Cospargere con sale e pepe a piacere.

e) Cuocere per 4 minuti e poi aggiungere i funghi.

f) Affettare le baguette nel senso della lunghezza e adagiare i pezzi di pane inferiori con uno strato sottile di bistecche di melanzane e poi coprire con 3 polpette.

g) Aggiungere una generosa quantità di sughi extra per gli spaghetti e distribuire abbondantemente le cipolle ei funghi sulle polpette.

53. Sostitutivi di polpette abbondanti

Ingrediente

- 6   Rotoli sottomarini (2 1/2 oz.), Non divisi

- 1 libbra   Tondo a terra

- 16 once di salsa di pomodoro senza sale, divisa

- $\frac{1}{4}$ di tazza di pangrattato condito

- $\frac{1}{4}$ di tazza di cipolla tritata

- $\frac{1}{4}$ di cucchiaino di sale

- 1 spicchio d'aglio, tritato

- Spray da cucina vegetale

- 2 cucchiaini di olio d'oliva

- 1½ tazza di peperone verde, tagliato a julienne da 1 1/2 "

- 1 tazza di cipolla a scaglie

- 2 cucchiai Pasta di pomodoro

- ½ cucchiaino Basilico intero essiccato

a) Coltello inclinato ad angolo, taglia un pezzo ovale 5x1½ "dalla parte superiore di ogni rotolo. Raccogli il rotolo, lasciando una cavità larga 1 ½". Mettere da parte i rotoli; riservare il pane rimanente per un altro uso.

b) Unire il tondo macinato, ¼ di tazza di salsa di pomodoro e i successivi 4 ingredienti in un'altra ciotola; mescolare bene,. Forma in 54 (1 pollice) polpette; mettere su una griglia ricoperta di spray da cucina. Mettere la griglia in una teglia. Infornare a 350 F. per 15 minuti o fino al termine.

c) Rivestire una padella antiaderente con uno spray da cucina; aggiungere l'olio. Mettere a fuoco medio fino a quando è caldo. Aggiungere il peperone e la cipolla; soffriggere 5 minuti. Aggiungere la salsa di pomodoro rimanente, il concentrato di pomodoro e il basilico; cuocere a fuoco lento, scoperto, 5 minuti. Aggiungere le polpette, mescolando delicatamente per ricoprire; cuocere 3 minuti o finché non si riscalda.

54. Polpette di hamburger con patate dolci

Ingrediente

- 2 tazze Prosciutto macinato; (circa 1/2 libbra)

- $\frac{1}{2}$ libbre Mandrino a terra

- 1 tazza Briciole di pane integrale

- 1 Uovo; picchiato

- $\frac{1}{4}$ di tazza Cipolla tritata

- 2 cucchiai Semi di girasole salati -OPPURE-

- $\frac{1}{2}$ cucchiaino sale

- 2 lattine (23 once ciascuna) di patate dolci; scolate
  e tagliate a cubetti

- $\frac{1}{2}$ tazza Sciroppo al mais nero

- $\frac{1}{2}$ tazza Succo di mela o succo d'ananas

- $\frac{1}{4}$ cucchiaino Noce moscata

- 1 cucchiaio Amido di mais

a) Mescolare bene la carne macinata, il pangrattato, l'uovo, la cipolla e i semi di girasole.

b) Formare da 12 a 16 polpette. Mettere su una griglia nella teglia. Cuocere le polpette in forno preriscaldato a 425 gradi per 15 minuti.

c) Metti le patate dolci in Crock-Pot. Unisci lo sciroppo di mais, il succo e la noce moscata e versa metà sugli ignami. Mettere le polpette rosolate sugli ignami e guarnire con la salsa rimanente. Coprire e cuocere a livello basso per 5 o 6 ore.

d) Trasferire le polpette nel piatto da portata; mettere gli ignami nella ciotola da portata e tenerli al caldo. Mescolare l'amido di mais nella salsa. Coprite e cuocete a fiamma alta finché non si saranno addensati; versare sopra le patate dolci prima delle porzioni.

55. Panini dell'eroe delle polpette

Ingrediente

- Olio vegetale antiaderente spray

- 1 ½ libbra Carne macinata magra

- ½ tazza Parmigiano grattugiato

- 2 grandi Uova

- ¼ di tazza Prezzemolo fresco tritato

- ¼ di tazza Fiocchi di mais schiacciati

- 3 grandi Spicchi d'aglio; tritato

- 2 cucchiaino e mezzo Origano secco

- $\frac{1}{2}$ cucchiaino Pepe bianco macinato

- $\frac{1}{2}$ cucchiaino sale

- 3 tazze Acquistato salsa marinara

- 6 Panini lunghi italiani o francesi; dividere nel senso della lunghezza, tostare

- 6 Porzioni

a) Un panino classico che soddisferà sicuramente, sia servito come pranzo del fine settimana che come semplice cena settimanale.

b) Unire la carne macinata, il parmigiano grattugiato, le uova, il prezzemolo fresco tritato, i fiocchi di mais tritati, l'aglio tritato, l'origano essiccato, il pepe bianco macinato e il sale in una ciotola grande e frullare accuratamente.

c) Usando le mani inumidite, modellare la miscela di carne in tondi da 1 $\frac{1}{2}$ pollice e disporla su un foglio preparato, distanziando uniformemente.

d) Cuocere le polpette fino a quando sono sode al tatto.

56. Sottotitoli "polpette" vegetariane

Ingrediente

- 1 tazza Granuli TVP

- 1 tazza Acqua bollente

- ½ tazza Briciole di pane

- ¼ di tazza Farina integrale

- ½ cucchiaino sale

- ¼ cucchiaino peperoncino di Cayenna

- 1 cucchiaino saggio

- ½ cucchiaino Finocchio

- 1 cucchiaino Origano

- ½ cucchiaino Polvere d'aglio

- ½ cucchiaino Timo

- 1 cucchiaino Olio d'oliva

- 4 Rotoli sottomarini (individuali)

- 1 tazza Salsa per spaghetti, riscaldata

- 2 mezzi Peperoni verdi, arrostiti e sli

a) Unisci TVP e acqua bollente e lascia riposare finché l'acqua non viene assorbita, circa 5 minuti. Aggiungere il pangrattato, la farina, il sale, il pepe di Caienna, la salvia, il finocchio, l'origano, l'aglio e il timo. Mescolare bene.

b) Formare la miscela TVP in 12 palline. Strofina l'olio d'oliva sui palmi e fai rotolare ogni pallina tra le mani per ricoprirle. Mettere su una teglia leggermente oliata e cuocere alla griglia fino a doratura, 10 minuti. Mettere tre palline in ogni rotolo e guarnire con salsa e peperoni.

57. Sottotitoli di polpette e melanzane

Ingrediente

- 1 libbra   Carne macinata magra

- 14 once Salsa per spaghetti al basilico; 1 barattolo

- 1 media Melanzana

- 4 ½ cucchiaio Olio d'oliva; Diviso

- 1 media Cipolla rossa

- ¼ libbre Funghi

- 4 pezzi   Panini Di Pane Francese Rotoli O Baguette;
  6-8 pollici di lunghezza

- 4 once   Provolone; 4 fette

a) Tagliate le melanzane a bistecche da ½ pollice e mettetele su un piatto, cospargete di sale e lasciate scolare per 30 minuti.

b) Formare la carne macinata in dodici polpette del diametro di 1 ½ pollice. Cuocetele in una pentola, a fuoco basso, ruotandole frequentemente per farle dorare in modo uniforme ed evitare che si attacchino.

c) Affettare la cipolla a rondelle sottili e tritare grossolanamente i funghi a pezzi irregolari e metterli da parte.

d) Risciacquare accuratamente le bistecche di melanzane e poi asciugarle tamponando. Scaldare 3 cucchiai di olio d'oliva e rosolare delicatamente le melanzane a fuoco medio,

e) Cospargere con sale e pepe a piacere. Togliete dal fuoco e lasciate scolare.

f) Cuocere per 4 minuti e poi aggiungere i funghi.

g) Affetta le baguette nel senso della lunghezza e separa le parti superiori da quelle inferiori. Adagiare i pezzi di pane sul fondo con uno strato sottile di bistecche di melanzane e poi coprire con 3 polpette.

58. Polpette di crauti

Ingrediente

- 1 media Cipolla tritata

- 2 cucchiai Burro

- 1 lattina Spam (suolo)

- 1 tazza Carne di manzo in scatola macinata

- $\frac{1}{4}$ cucchiaino Sale speziato all'aglio

- 1 cucchiaio Mostarda

- 3 cucchiai Prezzemolo tritato

- 2 tazze crauti

- ⅔ tazza Farina

- ½ tazza Brodo di manzo o cubetto da brodo, sciolto in 1/2 tazza d'acqua

- 2 Uova, ben sbattute

- ½ tazza Briciole di pane

- ⅛ cucchiaino Pepe

a) Soffriggere le cipolle nel burro, aggiungere lo spam, la carne in scatola. Cuocere 5 minuti e mescolare spesso. Aggiungere il sale all'aglio, la senape, il prezzemolo, il pepe, i crauti, ½ tazza di farina e il brodo di manzo. Mescolare bene. Cuocere per 10 minuti.

b) Stendere su un vassoio per raffreddare. Formare delle palline. Arrotolare la farina, passarla nelle uova e arrotolare le briciole. Friggere in grasso bollente a 375 gradi fino a doratura.

ZUPPE DI POLPETTE E STUFATI

59. Sopa de albondigas (zuppa di polpette di carne)

Ingrediente

- 1   Cipolla Tritata

- 1   Spicchio D'aglio Tritato

- 2 cucchiai Olio

- $\frac{3}{4}$ libbre Carne di manzo macinata

- $\frac{3}{4}$ libbre Carne di maiale macinata

- ⅓ tazza riso crudo

- 1 cucchiaino e mezzo sale

- 4 once   Salsa di pomodoro

- 3 quarti Brodo di carne

- $\frac{1}{4}$ cucchiaino Pepe

- 1   Uovo leggermente sbattuto

- 1 cucchiaio Foglie Di Menta Tritate

a) Far appassire la cipolla e l'aglio nell'olio; aggiungere la salsa di pomodoro e il brodo di manzo. Riscaldare fino al punto di ebollizione. Mescolare la carne con riso, uovo, menta, sale e pepe; formare delle palline.

b) Mettili nel brodo bollente. Coprite bene e fate cuocere 30 minuti. Si congela bene.

60. Zuppa di polpette di tortilla messicana

Ingrediente

- 1 ½ libbra Carne macinata magra

- Veges

a) Unisci la carne macinata con il coriandolo, l'aglio, il succo di lime, il cumino, la salsa piccante, sale e pepe. Formare palline da 1 oncia.

b) Cuocere fino a doratura su tutti i lati, circa 5 minuti.

c) Zuppa: in una pentola capiente, scalda 2 cucchiai di olio vegetale. Aggiungere le cipolle e l'aglio.

d) Aggiungere i peperoncini e cuocere 2 minuti. Aggiungere i pomodori e il loro succo, il brodo di pollo, il peperoncino in polvere, il cumino e la salsa piccante. Fai sobbollire per 15-20 minuti.

e) In una piccola ciotola, unire la farina e il brodo di pollo. Sbatti nella zuppa. Riporta a ebollizione. Ridurre la fiamma e cuocere a fuoco lento per 5 minuti. Aggiungere le polpette e cuocere a fuoco lento per altri 5 minuti.

61. Zuppa di polpette di limone

Ingrediente

- 1 libbra di carne macinata
- 6 cucchiai di riso
- 1 cucchiaino di paprika
- 1 cucchiaino Salato essiccato
- Sale pepe
- Farina
- 6 tazze   acqua
- 2 cubetti di brodo di manzo

- ½ mazzo di cipolle verdi; affettato
- 1 peperone verde; tritato
- 2 carote; pelati, tagliati a fettine sottili
- 3 pomodori; pelati e tritati
- 1 Sm. peperoncini gialli, spaccati
- ½ mazzetto di prezzemolo; tritato
- 1 uovo
- 1 limone (solo succo)

a) Unisci carne di manzo, riso, paprika e santoreggia. Aggiustare di sale e pepe. Mescolare leggermente ma accuratamente. Formare delle palline da 1 pollice, quindi rotolare nella farina.

b) Unire l'acqua, i cubetti di brodo, 1 cucchiaio di sale, 1 cucchiaino di pepe, le cipolle verdi, il peperone verde, le carote ei pomodori in una pentola grande. Coprire, portare a ebollizione, abbassare la fiamma e cuocere a fuoco lento per 30 minuti.

c) Aggiungere le polpette, coprire e riportare a bollore. Ridurre la fiamma e cuocere a fuoco lento per 20 minuti. Aggiungere i peperoncini e cuocere a fuoco lento, coperto, per 40 minuti o fino a quando il riso è cotto. Aggiungere il prezzemolo negli ultimi 5 minuti di cottura.

62. Zuppa di polpette di carne

Ingrediente

- 2 libbre   Manzo magro macinato

- 2 cucchiai di latte

- Spezie

a) Per fare le polpette unire tutti gli ingredienti
   tranne l'olio; mescolare accuratamente. Formare
   delle palline della grandezza di una noce (40-50
   palline). Scaldate leggermente l'olio e fate rosolare
   le palline.

b) Zuppa: In un bollitore da 8-10 litri portare tutti gli ingredienti tranne il Mexicorn a ebollizione. Abbassare la fiamma e cuocere a fuoco lento per 30 minuti, aggiungendo Mexicorn per gli ultimi 10 minuti. Aggiungere le polpette di carne rosolate. Rende 6-7 quarti.

63. Zuppa di polpette allo zenzero e crescione

Ingrediente

- 1 lattina (8 once) di castagne d'acqua

- 1 libbra   Maiale magro finemente macinato

- 4 ½ cucchiaino di zenzero fresco sbucciato e tritato

- 1   Pepe bianco macinato, quanto basta

- 1 cucchiaino e mezzo di salsa di soia

- 2 cucchiaini di amido di mais

- Sale qb

- 5 tazze di brodo vegetale

- 5 tazze di brodo di pollo

- 1 sale

- 1 Pepe nero appena macinato

- 2 Mazzetti di crescione, tritati

- 3 Cipolla verde, tritata finemente

a) Polpette: Tritate finemente 12 castagne d'acqua. Riservare i restanti per guarnire. Unire il maiale, lo zenzero, le castagne d'acqua tritate, la salsa di soia, la maizena, il sale e il pepe. Mescolare bene e formare delle palline di $\frac{3}{4}$ di pollice di diametro.

b) Zuppa: portare a ebollizione il brodo vegetale e il brodo di pollo in una pentola capiente. Mettere un quarto delle polpette nel brodo e cuocere a fuoco lento finché non raggiungono la superficie.

c) Condire con sale e pepe nero a piacere. Accendi la fiamma a una temperatura medio-bassa. Aggiungere il crescione e le cipolle verdi.

d) Cuocere, scoperto, per qualche minuto fino a quando il crescione è leggermente appassito.

64. Stufato di polpette di carne italiana

Ingrediente

- 1 ½ libbra di carne macinata magra

- ½ tazza di pangrattato fine

- 2 Uova sbattute

- ¼ di tazza di latte

- 2 cucchiai di parmigiano grattugiato

- 1 cucchiaino di sale / pepe

- $\frac{1}{8}$ cucchiaino di sale all'aglio

- 2 Carote sbucciate e tagliate

- 6 once   Pasta di pomodoro

- 1 tazza di brodo di manzo

- $\frac{1}{2}$ cucchiaino di origano

- 1 cucchiaino di sale condito

- $\frac{1}{2}$ cucchiaino di basilico

- 10 once Frozen all'italiana

  α) Verdure parzialmente scongelate

  β) Unisci la carne di manzo con pangrattato, uova, latte, formaggio, sale, sale all'aglio e pepe. Formare delle palline da 2 pollici. Metti le carote sul fondo della pentola a cottura lenta.

  χ) Disporre le polpette sulle carote. Unisci il concentrato di pomodoro con acqua, boullion, origano, sale condito e basilico. Versare sulla carne. Coprire e cuocere a fuoco basso per 4-6 ore.

  δ) Coprire e cuocere a fuoco alto per 15-20 minuti o fino a quando le verdure sono tenere.

65. Zuppa di polpette di cervo

Ingrediente

- ½ libbre Cervo magro o agnello,

- Terra due volte

- ½ tazza di riso cotto, grano macinato

- O bulghour

- ¼ di tazza   Cipolla tritata finemente

- ¼ di tazza   Prezzemolo tritato finemente

- 2 lattine Brodo di pollo condensato

- (10-1 / 2 once ciascuno)

- 2 lattine acqua

- ⅓ tazza Succo di limone

- 2 Uova

- Sale pepe

a) Combina i primi quattro ingredienti. Forma delle palline da $\frac{3}{4}$ di pollice. Riscaldare il brodo e l'acqua fino al punto di ebollizione. Aggiungi le polpette; cuocere a fuoco lento da 15 a 20 minuti. In una zuppiera, sbattere il succo di limone e le uova fino a che liscio.

b) Sbattere gradualmente in brodo caldo. Aggiungere le polpette per ultime. Condire a piacere con sale, pepe.

66. Zuppa di polpette bulgara

Ingrediente

- 1 libbra   carne di manzo macinata

- 6 cucchiai di riso

- 1 cucchiaino di paprika

- 1 cucchiaino Salato essiccato

- Sale pepe

- 2 Cubetti di brodo di manzo

- ½ Mazzo di cipolle verdi; affettato

- 1 Peperone verde; tritato

- 2 Carote; pelate, tagliate a fettine sottili

- 3 Pomodori; pelati e tritati

- 1 Sm. peperoncini gialli, spaccati

- ½ Mazzetto di prezzemolo; tritato

- 1 Uovo

- 1 Limone (solo succo)

a) Unisci carne di manzo, riso, paprika e santoreggia. Aggiustare di sale e pepe.

b) Formare delle palline da 1 pollice, quindi rotolare nella farina.

c) Unire l'acqua, i cubetti di brodo, 1 cucchiaio di sale, 1 cucchiaino di pepe, le cipolle verdi, il peperone verde, le carote ei pomodori in una pentola grande.

d) Coprire, portare a ebollizione, abbassare la fiamma e cuocere a fuoco lento per 30 minuti. Aggiungere le polpette, coprire e riportare a bollore. Mescolare 1-2 cucchiai di zuppa calda nella miscela di uova, quindi incorporare la miscela di uova nella zuppa.

e) Riscaldare e mescolare fino a quando la zuppa non si sarà leggermente addensata, ma non far bollire.

67. Zuppa di scarole con polpette

Ingrediente

Polpette-

- $\frac{1}{4}$ libbre carne di manzo macinata

- 1 cucchiaio di parmigiano grattugiato

- $\frac{1}{2}$ fetta di pane bianco, ammollato nel latte

- 1 Tuorlo d'uovo

- $\frac{1}{4}$ di cucchiaino di sale

- $\frac{1}{8}$ cucchiaino di pepe bianco

- 1 cucchiaino Tritato fresco italiano

- Prezzemolo

La minestra:

- 4 tazze di brodo di pollo

- 1   Testa scarola, lavata e

- Tagliare in pezzi da 1/2 pollice

- 1 piccolo   Cipolla tritata

- $\frac{3}{4}$ tazza Pastina

- 2   Uova

- 2 cucchiai di parmigiano grattugiato

a)   Mescola tutti gli ingredienti in una ciotola. Prendi un cucchiaio alla volta e forma delle palline di circa 1 pollice di diametro.

b)   Porta a ebollizione il brodo di pollo. Aggiungere la scarola, la cipolla e le polpette e cuocere per 3 minuti. Aggiungete la pastina.

c)   Nella ciotola, sbatti insieme le uova, il sale e il formaggio. Abbassa il fuoco sulla zuppa e aggiungi velocemente il composto di uova.

INSALATA DI POLPETTE

68. Polpette danesi con insalata di cetrioli

Ingrediente

- 1 ½ libbra di carne macinata di vitello e maiale

- 1 Cipolla

- 2 cucchiaiFarina

- 2 cucchiaiBriciole di pane; asciutto

- 2 Uova

- Sale pepe

Per insalata di cetrioli

- 1 Cetriolo

- 2 tazze di aceto

- 2 tazze di zucchero

- 2 tazze d'acqua

- Sale pepe

a) Mettere la carne di vitello macinata e il maiale in una ciotola, aggiungere l'uovo, la farina e il pangrattato secco.

b) Mescolare insieme e mescolare la cipolla tritata fine. Aggiungere sale e pepe a piacere. Metti il burro su una padella calda.

c) Friggere le polpette. Servire con pane e burro marrone danese e insalata di cetrioli.

69. Insalata di polpette orientali

Ingrediente

- ½ tazza di latte

- 2 Uova

- 3 tazze di pangrattato morbido

- 1 cucchiaino di sale di cipolla

- 1 libbra   carne di manzo macinata

- 2 cucchiaini di olio di arachidi

- 8¼ oncia Pezzi di ananas

- 2 Peperoni verdi, 2 carote 2 gambi di sedano

- $\frac{1}{2}$ tazza di zucchero di canna, confezionato

- 2 cucchiai di amido di mais

- $\frac{1}{2}$ tazza di vino bianco secco, $\frac{1}{2}$ tazza di aceto

- 2 cucchiai di salsa di soia

- 2 pomodori, lattuga a spicchi e sminuzzata

a) Unire le uova e il latte, incorporare il pangrattato, il sale di cipolla e $\frac{1}{8}$ cucchiaino di pepe. Aggiungere la carne macinata e mescolare bene. Formare il composto in polpette. Cuoci le polpette.

b) Unire pezzi di ananas, peperone verde, carota, sedano e polpette; mettere da parte.

c) In una piccola casseruola unire lo zucchero di canna e la maizena; mescolare $\frac{3}{4}$ tazza di ananas liquido, vino, aceto e salsa di soia. Cuocere e mescolare fino a quando si sarà addensato e frizzante. Versare la miscela calda sulla miscela di polpette.

70. Polpette di chili tex-mex

Ingrediente

- 3 cucchiai di olio vegetale

- 1 cipolla piccola, a dadini, circa 1/2 tazza

- 1 libbra   Carne macinata magra

- 1 uovo grande

- 1 tazza di pangrattato fresco

- ⅓ tazza Shredded Monterey Jack

- 1 peperone rosso e 1 peperone verde

- ⅓ tazza di formaggio cheddar

- ¾ cucchiaino di sale

- 6 tortillas di mais

- 1 salsa piccante al pomodoro

- 1 media   Cipolla a cubetti

- 1 spicchio d'aglio grande, schiacciato

- 2 grandi   Pomodori maturi, tagliati a cubetti

- $\frac{1}{2}$ cucchiaino di salsa piccante al peperoncino

a) In una padella da 12 pollici, a fuoco medio-alto, scaldare 1 cucchiaio di olio vegetale; aggiungere la cipolla e il peperoncino in polvere.

b) Togliere in una ciotola grande, aggiungere la carne di manzo, l'uovo, i peperoncini, il pangrattato, 1 cucchiaio. di ciascuno di formaggi e sale. Formare la miscela in palline da $1\frac{1}{4}$ ".

c) In una padella a fuoco medio-alto, cuocere fino a quando non saranno ben dorati su tutti i lati e ben cotti.

d) Nel frattempo, disponi le tortilla chips in un unico strato su una teglia di gelatina; inforna per 10 minuti fino a quando non saranno croccanti e dorate.

e) Prepara la salsa piccante al pomodoro.

71. Polpette di insalata di pollo

Ingrediente

- 1 tazza di pollo tritato

- 1 cucchiaio di cipolla tritata

- 2 cucchiai di peperoni; tritato

- ½ tazza di maionese

- 1 tazza di noci pecan tritate

a) Mescola tutto e mescola bene. Raffredda 4 ore.

b) Forma una palla da 1 pollice.

POLPETTE CONFEZIONATE E FARCITE

72. Polpette avvolte nel bacon

Ingrediente

- ½ libbre carne di manzo macinata

- ¼ di tazza   Acqua fredda

- 2 cucchiaini   Cipolle tritate

- ½ cucchiaino   sale

- ¼ cucchiaino   Pepe condito

- 4 fette   Bacon; tagliato a metà trasversalmente

a) Unisci i primi 5 ingredienti, mescolando bene; formare 8 polpette. Arrotolare i pezzi di pancetta attorno alle polpette e fissarli con degli stuzzicadenti.

b) rosolare a fuoco medio fino a quando la pancetta è croccante e dorata; scolare il grasso. Se le polpette non sono pronte, coprire e cuocere a fuoco lento per altri 5-7 minuti.

73. Tacchino e polpette di ripieno

Ingrediente

- ½ tazza   Latte

- 1   Uovo

- 1 tazza   Preparato per ripieno di pane di mais

- ¼ di tazza   Sedano tritato finemente

- 1 cucchiaino   Senape in polvere

- 1 libbra   Tacchino ruspante

- 1   16 once di salsa di mirtilli in gelatina

- 1 cucchiaio   zucchero di canna

- 1 cucchiaio   salsa Worcestershire

a) Scaldare il forno a 375 gradi F. In una ciotola grande, unire il latte e l'uovo; battere bene.

b) Mescolare il ripieno, il sedano e la senape; mescolare bene. Aggiungi il tacchino; mescolare bene.

c) Formare 48 palline (1 pollice). Mettere in una teglia da forno non ingrassata da 15x10x1 pollici.

d) Infornare a 375 gradi per 20-25 minuti o fino a quando le polpette saranno dorate e non saranno più rosa al centro.

e) Nel frattempo, in una grande casseruola unire tutti gli ingredienti della salsa; mescolare bene. Portare a ebollizione a fuoco medio. Riduci il calore al minimo; cuocere a fuoco lento 5 minuti, mescolando di tanto in tanto. Aggiungere le polpette alla salsa; mescolare delicatamente per ricoprire.

74. Polpette ripiene di formaggio

Ingrediente

- 1 cucchiaio   Olio d'oliva

- 2 cucchiaiCipolla a cubetti

- 8 once   Carne macinata magra o tacchino

- 1 cucchiaio   Salsa di soia

- $\frac{1}{4}$ cucchiaino   Salvia secca

- 4 once   Formaggio cheddar o svizzero; tagliato in 8 cubetti

a) Preriscalda il forno a 325F.

b) Ungere una teglia da forno poco profonda con un po 'di olio d'oliva o uno spray per padella.

c) Riscaldare l'olio in una padella a fuoco moderato fino a quando è caldo ma non fumare. Aggiungere la cipolla e rosolare fino a doratura, circa 10 minuti.

d) Unisci la cipolla, il manzo, la salsa di soia e la salvia. Dividi il composto in otto porzioni. Prendete un pezzo di formaggio e coprite con una porzione del composto fino a formare una polpetta. Ripeti per formare un totale di otto polpette.

e) Mettere le polpette nella padella unta d'olio e infornare per 30 minuti.

75. Polpette ripiene di olive

Ingrediente

- 1 cucchiaio di burro

- 1 tazza di cipolla, tritata

- 2 piccoli   Spicchi d'aglio, tritati

- $1\frac{1}{4}$ libbre Carne macinata

- $\frac{1}{2}$ tazza di pangrattato morbido

- $\frac{1}{2}$ tazza di prezzemolo tritato finemente

- 1 uovo grande e 1 tazza di panna

- 16 piccoli Olive verdi farcite

- $\frac{1}{4}$ di tazza di olio di arachidi

- 3 cucchiai di farina

- $\frac{1}{2}$ tazza di vino bianco secco e 1 $\frac{1}{2}$ tazza di brodo di pollo

- 1 cucchiaio di concentrato di pomodoro

- 1 cucchiaio di senape di Digione

a) Cuoci cipolla e aglio. Mettere la carne in una terrina e aggiungere la cipolla e l'aglio cotti, il pangrattato, il prezzemolo, l'uovo, metà della panna e la noce moscata. Mescolare bene. Dividi in 16 porzioni uguali.

b) Preparare le palline sigillando le olive.

c) Cuocere, girando spesso in modo che si abbrustoliscano in modo uniforme, per circa 5-10 min.

d) Incorporate la farina e poi aggiungete il vino. Cuocere per circa 1 minuto, mescolando. Aggiungi le polpette.

e) Mescolare la panna rimanente e la senape nella salsa.

76. Polpette ripiene alla mediterranea

Ingrediente

- 1 melanzana grande, sbucciata e tagliata a cubetti

- 4 Pomodori, pelati e tritati

- 4 cucchiai di prezzemolo fresco

- Sale e pepe

- Aglio, cipolle e peperoni

- Timo e noce moscata

- $\frac{1}{2}$ tazza di brodo di pollo

- 1 $\frac{1}{2}$ libbra di carne macinata

- 2 fette di pane
- ⅓ tazza di parmigiano
- 1 uovo
- Broccoli, Cavolfiori, Zucchine
- Spaghetti o altra pasta

a) Preparare la salsa: soffriggere l'aglio in olio d'oliva. Aggiungere la cipolla e continuare a soffriggere.

b) Aggiungi peperoni verdi, zucchine, melanzane e pomodori. Continua a cucinare; quindi aggiungere prezzemolo, sale e pepe, timo e brodo di pollo.

c) Aggiungere il burro fuso, il sale e il pepe e mettere da parte.

d) Fare delle palline e premere una verdura sbollentata al centro di ogni pallina.

e) Immergi le palline nell'uovo e poi nel pangrattato e friggi per 6-8 minuti fino a doratura.

PASTA E POLPETTE

77. Casseruola di spaghetti e polpette

Ingrediente

- 7 once   Pkg spaghetti crudi

- 1 tazza   acqua

- 28 once   Vaso per spaghetti al sugo

- 12 Polpette precotte surgelate

- 2 cucchiaiParmigiano grattugiato

- 2 cucchiaiPrezzemolo tritato finemente

a) Ungere una pirofila da 12 x 8 pollici (2 quarti). In un piatto unto, unire gli spaghetti, l'acqua e il sugo degli spaghetti; mescolare bene. Aggiungi le polpette.

b) Scalda il forno a 350 gradi. Cuocere, coperto, per 45 minuti.

c) Scoprire la teglia; cospargere di formaggio. Cuocere, scoperto, per altri 5-10 minuti o fino a quando la casseruola non è spumeggiante e il formaggio si è sciolto. Cospargere di prezzemolo.

78. Spaghetti con polpette vegetariane

Ingrediente

- 3 Cipolla

- ½ libbre Funghi - a fette

- 4 cucchiaiOlio d'oliva

- 1 lattina di pomodori

- 1 barattolo di concentrato di pomodoro

- 1 Gambo di sedano tritato

- 3 Carote, grattugiate

- 6 cucchiai Burro

- 3 Uova sbattute

- 1 tazza e $\frac{1}{2}$ di farina di matzo

- 2 tazze di piselli verdi cotti

- 1 cucchiaino di sale e $\frac{1}{4}$ di cucchiaino di pepe

- 1 libbra Spaghetti, cotti

- Formaggio svizzero grattugiato

a) Cuocere le cipolle ei funghi a dadini nell'olio per 10 minuti. Aggiungere i pomodori, il concentrato di pomodoro e l'origano. Coprite e cuocete a fuoco basso 1 ora. Corretta stagionatura.

b) Cuocere le cipolle, il sedano e le carote tritate a metà del burro per 15 minuti. Freddo. Aggiungere le uova, 1 tazza di farina di matzo, i piselli, il sale e il pepe.

c) Arrotolare in piccole palline e immergerle nella farina di matzo rimanente.

79. Rigatoni e polpette al forno

Ingrediente

- 3½ tazza di Rigatoni

- 1 tazza di mozzarella, sminuzzata

- 3 cucchiai di parmigiano grattugiato fresco

- 1 libbra   Per le polpette si possono usare pollo o
  manzo di tacchino macinato magro

a) Polpette: Nella ciotola, sbattere leggermente l'uovo;
    unire cipolla, briciole, aglio, parmigiano, origano, sale
    e pepe. Mescolare il tacchino. Formare delle palline
    in cucchiai colmi.

b) In una padella grande, scaldare l'olio a fuoco medio-
    alto; cuocere le polpette, in lotti se necessario, per
    8-10 minuti o fino a doratura su tutti i lati.

c) Aggiungere la cipolla, l'aglio, i funghi, il peperone verde, il basilico, lo zucchero, l'origano, il sale, il pepe e 2 cucchiai di acqua nella padella; cuocere a fuoco medio, mescolando di tanto in tanto, per circa 10 minuti o finché le verdure non si saranno ammorbidite. Mescolare i pomodori e il concentrato di pomodoro; portare a ebollizione. Aggiungi le polpette

d) Nel frattempo, in una pentola capiente di acqua bollente salata, cuocere i rigatoni e trasferirli in una pirofila da 11x7 pollici o in una casseruola da 8 tazze.

e) Cospargere uniformemente la mozzarella, quindi il parmigiano. Infornare

80. Penne al forno con polpette di tacchino

Ingrediente

- 1 libbra   Tacchino ruspante

- 1 spicchio d'aglio grande; tritato

- ¾ tazza Briciole di pane fresco

- ½ tazza di cipolla tritata finemente

- 3 cucchiai di pinoli; tostato

- ½ tazza di prezzemolo fresco tritato

- 1 uovo grande; battuto leggermente

- 1 cucchiaino di sale

- 1 cucchiaino di pepe nero

- 4 cucchiai di olio d'oliva

- 1 libbra   Penne

- $1\frac{1}{2}$ tazza di mozzarella grattugiata grossolanamente

- 1 tazza di formaggio romano grattugiato fresco

- 6 tazze di salsa di pomodoro

- 1 contenitore; (15 oz) di ricotta

a) In una ciotola, mescolate bene il tacchino, l'aglio, il pangrattato, la cipolla, i pinoli, il prezzemolo, l'uovo, il sale e il pepe e formate delle polpette e cuocete.

b) Cuocere la pasta

c) In una piccola ciotola mescolate insieme la mozzarella e il romano. Versare circa 1 tazza e $\frac{1}{2}$ di salsa di pomodoro e metà delle polpette nel piatto preparato e versarvi sopra metà della pasta.

d) Distribuire metà della salsa rimanente e metà del composto di formaggio sulla pasta. Completare con le polpette rimanenti e far cadere le cucchiaiate di ricotta sulle polpette. Cuocere le penne al centro del forno per 30-35 minuti.

81. Polpette e pasta picante con queso

Ingrediente

- 1 libbra   carne di manzo macinata

- 1 tazza di pangrattato fresco

- $\frac{3}{4}$ tazza di salsa Picante

- $\frac{1}{4}$ di tazza di cipolla - tritata

- 2 cucchiaiPrezzemolo - tritato

- 1   Uovo

- 1 cucchiaino di sale

- 2 cucchiaini di cumino macinato

- 15 once di salsa di pomodoro

- ½ libbre   Velvetta, a cubetti

- 1 ½ cucchiaino di peperoncino in polvere

- 1 cucchiaino di coriandolo macinato

- 1 libbra   Pasta per capelli d'angelo; cucinato

- ⅓ tazza di coriandolo fresco - tritato

a) Unire la carne di manzo, il pangrattato, ¼ di tazza
   di salsa picante, cipolla, prezzemolo, uovo, sale e ½
   cucchiaino di cumino; mescolare bene.

b) Formare delle polpette da 1 ". Disporre le polpette
   su una teglia di gelatina da 15x10". Infornare a 350
   ~ per 15 minuti. Scolare il grasso.

c) Unire la salsa di pomodoro, la restante ½ tazza di
   salsa picante, la velvetta, il peperoncino in polvere,
   il cumino rimanente e il coriandolo in una grande
   casseruola.

d) Cuocere a fuoco basso, mescolando spesso fino a
   quando il formaggio non si sarà sciolto. Aggiungi le
   polpette; cuocere a fuoco lento fino a quando non
   viene riscaldato. Cucchiaio sulla pasta; cospargere
   di coriandolo, se lo si desidera.

82. Polpette e maccheroni di scelta rapida

Ingrediente

- 1   Cipolla tagliata finemente

- 1 tazza   Sedano tagliato a dadini

- 2   Carote; tagliare come preferisci, fino a 3

- 2 cucchiaiPassata di pomodoro

- 3 tazze   acqua

- sale

- Pepe

- foglia d'alloro

- 2 cucchiaiOlio; fino a 3

- 1 libbra   Carne macinata; (il migliore è il tacchino)

- 1 fetta   Chala inzuppato; scolate e tritate

- 3 Uova

  α) Un pò di farina

  β) Sugo: in una pentola capiente scaldare l'olio, aggiungere la cipolla, il sedano, le carote, la passata di pomodoro, l'acqua e le spezie e cuocere a fuoco lento. Nel frattempo preparate le polpette.

  χ) Polpette: unire e formare circa 12-14 polpette. Arrotolare la farina e far cadere il sugo bollente. Cuocere per 40 minuti a fuoco lento. Assicurati di avere abbastanza liquidi, ti serviranno per i maccheroni.

  δ) Fai bollire 250-400 maccheroni corti per ⅔ del tempo consigliato. Cuocere per 20-30 fino a quando sono caldi

83. Polpette e salsa per spaghetti

Ingrediente

- tazza   - Polpette -

- ¼ cucchiaino   sale

- ¼ cucchiaino   Pepe nero macinato

- ½ tazza   Parmigiano grattugiato

- 1 libbra   Carne Macinata Magra, o

- Pollo macinato, o

- Salsa Spaghetti Di Tacchino Macinata -

- 1 libbra   Carne macinata magra

- 1 cucchiaio   Olio d'oliva

- 2   cipolle tritate

- 4   Spicchi d'aglio schiacciati o

- 2   Aglio tritato

- 14 once   Può salsa di pomodoro

- ½ tazza   Vino rosso (facoltativo)

- 1   Peperone verde dolce

- 1 cucchiaino   Basilico in foglia essiccato

- ½ cucchiaino   Origano in foglia

a)   Formare la carne in polpette da 1 pollice.
     Aggiungere a cottura il sugo degli spaghetti.

b)   Scaldare l'olio in una casseruola capiente a fuoco
     medio. Aggiungere le cipolle e l'aglio. soffriggere
     per 2 min. Aggiungi gli ingredienti rimanenti. Coprite
     e portate a ebollizione, mescolando spesso.

c)   Quindi, ridurre la fiamma e cuocere a fuoco lento,
     mescolando spesso per almeno 15 min.

84. Polpette in salsa piccante

Ingrediente

- ¾ cucchiaio di amido di mais

- ½ cucchiaino di zucchero

- ⅛ cucchiaino di bicarbonato di sodio

- ⅛ cucchiaino di pepe nero

- ¼ di cucchiaino di salsa di soia; basso contenuto di sodio

- 1 cucchiaio di vino bianco secco

- 1 ½ cucchiaino di salsa di ostriche

- 2 cucchiai di cipolle tritate

- ½ libbre Petto Di Tacchino Macinato

- 2 cucchiai di pasta di peperoncino

- 2 cucchiai di salsa di ostriche

- 2 cucchiai di ketchup

- 4 once   Tagliatelle Somen

- 2 Cipolle verdi; tritato

- 6 gocce di olio di sesamo

a) In una ciotola grande, mescolare la maizena, lo zucchero, il bicarbonato di sodio, il pepe nero, la salsa di soia, il vino, la salsa di ostriche, l'acqua fredda e la cipolla. Aggiungi il tacchino macinato.

b) In una piccola ciotola, mescola tutti gli ingredienti della salsa. Riscalda un wok antiaderente a fuoco alto per 30 secondi. Aggiungere gli ingredienti della salsa e portare a ebollizione. Abbassa la fiamma a una temperatura media e aggiungi le polpette. Coprite e cuocete per 3-4 minuti.

c) Nel frattempo, cuocere gli spaghetti Somen secondo le indicazioni sulla confezione. Scolateli e metteteli nella ciotola. Cospargere con olio di sesamo e semi di sesamo. Aggiungere le cipolle verdi e mescolare bene.

85. Polpette con spaghetti allo yogurt

Ingrediente

- 2 libbre   carne di manzo macinata

- Un pizzico di pepe di Caienna, curcuma, coriandolo e cannella

- Sale e pepe nero

- 2 Spicchi d'aglio

- 1 cucchiaio di olio vegetale

- 1 cipolla spagnola

- 6 grandi Pomodori maturi - nocciolo,

- 4 Pomodori essiccati al sole

- Tagliatelle

a) In una ciotola, unire la carne di manzo, la cannella, il coriandolo, la curcuma, il pepe di Caienna, il sale, il pepe e metà dell'aglio. Con le mani pulite, mescolare accuratamente, quindi modellare la carne in polpette da di pollice. Mettili da parte.

b) In una casseruola capiente scaldare l'olio, aggiungere la cipolla e aggiungere le polpette. Cuoceteli rigirandoli spesso.

c) Aggiungere i pomodorini e l'aglio rimanente. Aggiungere i pomodori secchi, il sale e il pepe e cuocere il composto per 5 minuti a fuoco basso, mescolando una o due volte.

d) Per le tagliatelle: portare a ebollizione una grande casseruola d'acqua. Aggiungere le tagliatelle e cuocere.

e) Incorpora lo yogurt, l'aglio e il sale. Mescola bene e trasferisci in 6 ciotole larghe.

86. Stracciatelle con le polpette

Ingrediente

- 1 quarto di gallone britannico   Brodo di pollo

- 2 tazze   acqua

- $\frac{1}{2}$ tazza   Pastina

- 1 cucchiaino   Prezzemolo fresco tritato

- $\frac{1}{2}$ libbre   Carne macinata magra

- 1   Uovo

- 2 cucchiaini   Pangrattato aromatizzato

- 1 cucchiaino   Formaggio grattugiato

- 1   Carota, tagliata a fettine sottili

- $\frac{1}{2}$ libbre   Spinaci, solo la foglia

- Parte julienne

- 2 cucchiaini   Prezzemolo fresco tritato

- 1 piccolo   Cipolla tritata

- 2   Uova

- Formaggio grattugiato

a)   In una pentola, unisci gli ingredienti della zuppa e porta a ebollizione. Mescolare gli ingredienti della carne in una ciotola, tante piccole polpette e far cadere nel brodo bollente.

b)   In una piccola ciotola, sbatti 2 uova. Con un cucchiaio di legno, mescola la zuppa mentre fai cadere lentamente le uova, mescolando continuamente. Togliere dal fuoco. Coprite e lasciate riposare per 2 minuti.

c)   Servire con formaggio grattugiato.

87. Frittelle di mozzarella e spaghetti

Ingrediente

- 2 Spicchi d'aglio

- 1 piccolo Bunc prezzemolo fresco

- 3 Cipolle da insalata; affettato finemente

- 225 grammi di carne di maiale macinata magra

- 2 cucchiai di parmigiano grattugiato fresco

- 1 cucchiaio di olio d'oliva

- 150 grammi di spaghetti o tagliatelle

- 100 millilitri Brodo di manzo caldo

- 1 400 grammi possono pomodori tritati
- 1 pizzico di zucchero e 1 pizzico di salsa di soia
- Sale e pepe
- 1 uovo
- 1 cucchiaio di olio d'oliva
- 75 millilitri di latte
- 50 grammi di farina 00
- 150 grammi di mozzarella affumicata
- Olio di semi di girasole; per friggere
- 1 limone

a) Schiacciare l'aglio e tritare finemente il prezzemolo. Mescolare insieme il trito, l'insalata di cipolle, l'aglio, il parmigiano, il prezzemolo e abbondante sale e pepe.

b) Formare otto palline sode.

c) Cuocere le polpette finché non sono ben dorate. Versare il brodo.

d) Cuocere la pasta in una pentola capiente di acqua bollente salata.

88. Zuppa di polpette e ravioli

Ingrediente

- 1 cucchiaio di olio d'oliva o olio per insalata

- 1 cipolla grande; tritato

- 1 Spicchio d'aglio; tritato

- 28 once di pomodori in scatola; tritato

- $\frac{1}{4}$ di tazza di concentrato di pomodoro

- 13 $\frac{1}{2}$ once di brodo di manzo

- $\frac{1}{2}$ tazza di vino rosso secco

- Un pizzico di basilico essiccato, timo e origano

- 12 once Ravioli; ripieno di formaggio

- $\frac{1}{4}$ di tazza di prezzemolo; tritato

- Formaggio Parmigiano; grattugiato

- 1 uovo

- $\frac{1}{4}$ di tazza di pangrattato morbido

- $\frac{3}{4}$ cucchiaino di sale di cipolla

- 1 spicchio d'aglio; tritato

- 1 libbra   Carne macinata magra

a) Rosolare accuratamente le polpette in olio riscaldato.

b) Mescolare cipolla e aglio e cuocere per circa 5 minuti, facendo attenzione a non rompere le polpette. Aggiungere i pomodori e il loro liquido, il concentrato di pomodoro, il brodo, il vino, l'acqua, lo zucchero, il basilico, il timo e l'origano. Aggiungi i ravioli

89. Linguine alla rana pescatrice

Ingrediente

- 4 cucchiaiolio vergine d'oliva

- 1 media   Cipolla rossa; tritato

- 1 piccolo Zucchine; tagliare fiammiferi da 1/4 "

- 2 cucchiaiFoglie di timo fresco

- $\frac{1}{2}$ libbre   Filetto di rana pescatrice fresco

- 1 tazza e mezza Salsa di pomodoro di base

- 1 tazza di vino bianco secco

- Sale; assaggiare

- Pepe nero appena macinato; assaggiare

- 8 once   Linguine

- ¼ di tazza di prezzemolo italiano tritato finemente

a) In una padella da 12 pollici, scalda l'olio a fuoco moderato. Aggiungere la cipolla, le zucchine e le foglie di timo e rosolare fino a quando non diventa marrone chiaro e molto morbido.

b) Tagliare la coda di rospo a cubetti da di pollice e condire con sale e pepe. Aggiungere la coda di rospo alla padella e mescolare fino a quando non è cotta e inizia a sbiancare (circa 1 minuto).

c) Aggiungere la salsa di pomodoro base e il vino bianco e portare a ebollizione. Abbassare la fiamma e cuocere a fuoco lento per 10 minuti. Immergere le linguine in acqua bollente e cuocere secondo le indicazioni sulla confezione :. Scolare la pasta nello scolapasta sul lavandino e condirla nella padella con la rana pescatrice. Aggiungere il prezzemolo e mescolare a fuoco medio fino a cottura ultimata. Versare nella ciotola calda e servire immediatamente.

POLPETTE VEGANE

90. Palline di tofu

Ingrediente

- 6 tazze d'acqua; bollente

- 5 tazze di tofu; sbriciolato

- 1 tazza di pangrattato integrale

- $\frac{1}{4}$ di tazza di Tamari

- $\frac{1}{4}$ di tazza di lievito alimentare

- $\frac{1}{4}$ di tazza di burro di arachidi

- Sostituto dell'uovo per 1 uovo

- $\frac{1}{2}$ tazza di cipolla; tritato

- 4 Spicchi d'aglio; premuto

- 1 cucchiaino di timo

- 1 cucchiaino di basilico

- $\frac{1}{4}$ di cucchiaino di semi di sedano

- $\frac{1}{4}$ cucchiaino di chiodi di garofano; terra

a) Metti tutto tranne 1 tazza di tofu sbriciolato nell'acqua bollente. Premi il tofu.

b) Aggiungere gli altri ingredienti al tofu pressato e mescolare bene.

c) Formare il composto in palline delle dimensioni di una noce e disporle su una teglia ben oliata.

d) Infornare a 350 gradi per 20-25 minuti o finché le palline non saranno sode e dorate. Girarli una volta durante la cottura se necessario.

91. Pasta monoporzione con polpette vegane

ingredienti

- 250 g di cimette di cavolfiore, cotte

- 200 g di spinaci tritati surgelati, scongelati

- 400 g di fagioli neri in latta, scolati

- 2 spicchi d'aglio, schiacciati o grattugiati

- 2 cucchiaini di salsa di soia

- 1 cucchiaino di erbe essiccate miste

- 150 g di avena

- salsa

Metodo

a) Cuocere le cimette di cavolfiore in una pentola di acqua bollente.

b) Grattugiare il cavolfiore in una ciotola, quindi aggiungere gli spinaci, i fagioli, l'aglio, la salsa di soia e le erbe miste. Lavorate il composto insieme allo schiacciapatate fino a formare una pasta grossolana.

c) Frullare l'avena in una polvere fine, quindi aggiungerla alla ciotola e mescolare per amalgamare. Arrotolare il composto in palline.

d) Friggere le polpette vegetali in lotti fino a doratura. Versare la salsa nella padella, quindi disporre sopra la pasta secca. Infornare

92. Polpette vegane al forno

ingredienti

- 1 cucchiaio di semi di lino macinati

- 1/4 tazza + 3 cucchiai di brodo vegetale

- 1 cipolla grande, sbucciata e tagliata in quarti

- 2 spicchi d'aglio sbucciati

- 12 once (0,75 libbre) / 340 grammi di carne vegetale Impossible Burger

- 1 tazza di pangrattato

- 1/2 tazza di parmigiano vegano

- 2 cucchiai di prezzemolo fresco, tritato finemente

- Sale e pepe a piacere

- Olio da cucina spray (se si cucina sul fornello)

Indicazioni:

α) Aggiungere la cipolla e l'aglio a un robot da cucina e frullare fino a ottenere una purea.

β) In una grande ciotola, aggiungi l'uovo di lino, 1/4 di tazza di brodo vegetale, cipolla e aglio frullati, carne di piante Impossible Burger, pangrattato, parmigiano vegano, prezzemolo e un pizzico di sale e pepe. Mescolare bene per unire.

χ) Formare la miscela di polpette vegane in 32 palline.

δ) Mettere le polpette vegane sulla teglia foderata e cuocere in forno per circa 10 minuti o fino a doratura.

93. Polpette Di Carne

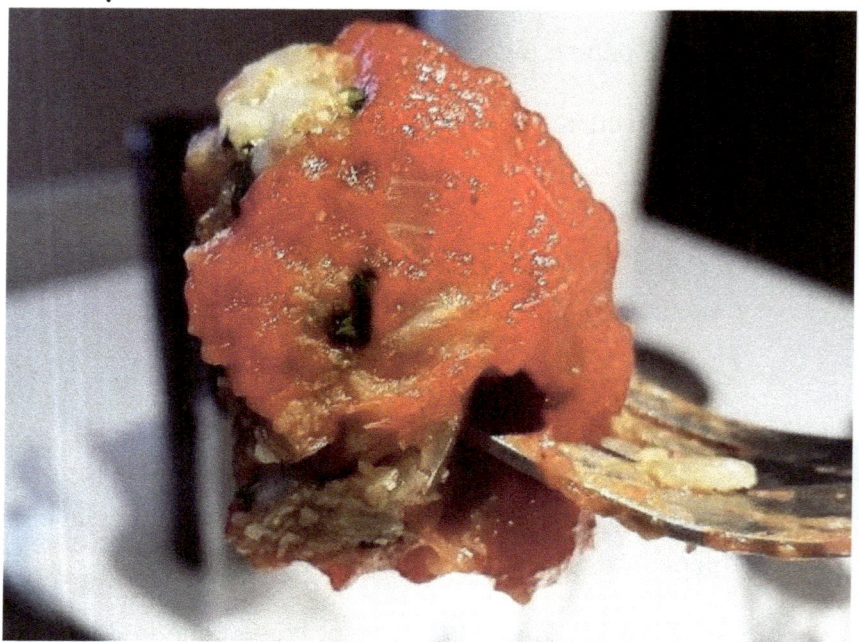

ingredienti

- 1 cucchiaio di olio d'oliva
- 1 libbra di funghi bianchi freschi
- 1 pizzico di sale
- 1 cucchiaio di burro
- ½ tazza di cipolla tritata finemente
- 4 spicchi d'aglio, tritati
- ½ tazza di avena a cottura rapida
- 1 oncia di Parmigiano tritato molto finemente
- ½ tazza di pangrattato
- ¼ di tazza di prezzemolo tritato (italiano)
- 2 uova, divise

- 1 cucchiaino di sale
- pepe nero appena macinato a piacere
- 1 pizzico di pepe di Caienna, oa piacere
- 1 pizzico di origano essiccato
- 3 tazze di salsa per la pasta
- 1 cucchiaio di Parmigiano tritato molto finemente
- 1 cucchiaio di prezzemolo tritato (italiano) oa piacere

Indicazioni

a) Scaldare l'olio d'oliva in una padella a fuoco medio-alto. Aggiungere i funghi all'olio caldo, cospargere di sale e cuocere e mescolare fino a quando il liquido dei funghi sarà evaporato.

b) Mescolare il burro nei funghi, abbassare la fiamma a media e cuocere e mescolare i funghi fino a doratura, circa 5 minuti

94. Polpette Vegetariane

ingredienti

- 1 tazza di lenticchie secche (o 2 1/2 tazze cotte)

- 1/4 tazza di olio d'oliva

- 1 cipolla piccola, circa 1 tazza tritata

- 8 once di funghi cremini

- 3 spicchi d'aglio, tritati

- 1 1/2 tazza di pangrattato Panko

- Un pizzico di condimento italiano e pepe di Caienna

- 2 1/2 cucchiaini di sale, diviso

- 2 uova

- 1 tazza di parmigiano

Metodo

a) In una grande ciotola mescola le metà del pomodoro insieme a 1 cucchiaino di condimento italiano, 1 cucchiaino di sale e 1/4 di tazza di olio d'oliva.

b) Frullare i funghi in un robot da cucina finché non hanno le dimensioni dei piselli.

c) Quando l'olio è caldo, aggiungere la cipolla e rosolare per circa 3 minuti, fino a quando non diventa trasparente. Aggiungere l'aglio e i funghi pulsati e rosolare.

d) In una grande ciotola unire la miscela di lenticchie ai funghi insieme al pangrattato e alle spezie. Formare palline e cuocere.

95. Polpette Di Origano Limone

ingredienti

- 1 cucchiaio di semi di lino macinati

- 1 cucchiaio di olio d'oliva, più una quantità extra

- 1 cipolla gialla piccola e 3 spicchi d'aglio

- Un pizzico di origano, cipolla in polvere, tamari

- $\frac{1}{2}$ cucchiaino di peperoncino macinato

- sale marino e pepe nero macinato, quanto basta

- 1 cucchiaio e mezzo di succo e scorza di limone

- 1 tazza di noci a metà

- $\frac{3}{4}$ tazza di fiocchi d'avena

- 1 $\frac{1}{2}$ tazza di fagioli bianchi cotti

- $\frac{1}{4}$ di tazza di prezzemolo fresco e $\frac{1}{4}$ di tazza di aneto fresco

Indicazioni:

a) In una piccola ciotola, unisci il lino macinato e l'acqua. Soffriggere le cipolle e aggiungere l'aglio e l'origano.

b) Aggiungere il lievito alimentare, il peperoncino, la cipolla in polvere, il sale e il pepe nella padella e mescolare per circa 30 secondi. Versare il loro succo di limone.

c) Pestare le noci, i fagioli e l'avena fino a ottenere un pasto grossolano. Aggiungere la miscela di gel di lino, cipolla saltata e miscela di aglio, tamari, scorza di limone, prezzemolo, aneto e grandi pizzichi di sale e pepe.

d) Arrotolarla in una palla e cuocere le polpette per 25 minuti.

96. Polpette Di Lenticchie

ingredienti

- 1 cipolla gialla tritata finemente

- 1 carota grande sbucciata e tagliata a cubetti

- 4 spicchi d'aglio tritati

- 2 tazze di lenticchie verdi cotte (circa 3/4 di tazza asciutte) o 2 tazze in scatola

- 2 cucchiai di concentrato di pomodoro

- 1 cucchiaino di origano

- 1 cucchiaino di basilico essiccato

- 1/4 tazza di lievito alimentare

- 1 cucchiaino di sale marino

- 1 tazza di semi di zucca

Indicazioni

a) Forma una palla

b) Infornare

97. Copione Ikea Veggie Balls

ingredienti

- 1 lattina di ceci (in scatola) 400 g / 14 oz

- 1 tazza di spinaci surgelati

- 3 carote (medie)

- $\frac{1}{2}$ peperone

- $\frac{1}{2}$ tazza di mais dolce (in scatola)

- 1 tazza di piselli (freschi, congelati o in scatola)

- 1 cipolla (media)

- 3 spicchi d'aglio

- 1 tazza di farina d'avena iniziare con $\frac{1}{2}$ tazza e regolare in base al contenuto di umidità della miscela

- 1 cucchiaio di olio d'oliva

- stagionatura

Indicazioni:

a) Aggiungere tutte le verdure a un robot da cucina e frullare fino a quando non sono tritate finemente. Cucinare.

b) Aggiungere ora gli spinaci surgelati, ma scongelati o freschi, la salvia essiccata e il prezzemolo essiccato. Mescolare e cuocere per 1-2 minuti.

c) Aggiungere i ceci in scatola e i legumi fino a quando non saranno amalgamati.

d) Per fare le polpette alveggie, raccogli una pallina come un gelato e poi finisci di formarla con le mani.

e) Posizionare le palline su una carta forno o una teglia da forno. Cuocili per 20 minuti finché non avranno una crosta croccante.

98. Polpette Di Quinoa

INGREDIENTI

- 2 tazze di quinoa cotta

- $\frac{1}{4}$ di tazza di parmigiano grattugiato

- $\frac{1}{4}$ di tazza di formaggio Asiago, grattugiato

- $\frac{1}{4}$ tazza di basilico fresco, tritato

- 2 cucchiai di coriandolo fresco, tritato

- 1 cucchiaino di origano fresco, tritato

- ½ cucchiaino di timo fresco

- 3 spicchi d'aglio piccoli, tritati finemente

- 1 uovo grande

- 2 pizzichi grandi di sale kosher

- ½ cucchiaino di pepe nero

- ¼ di tazza di pangrattato condito italiano

- 1 pizzico a ¼ di cucchiaino di fiocchi di peperoncino tritato

Indicazioni:

a) Mescola tutti gli ingredienti in una ciotola capiente. Versare un filo d'olio d'oliva nella padella preriscaldata.

b) Formare una polpetta un po 'più piccola di una pallina da golf e posizionare la polpetta nella padella iniziando dal centro. .

c) Cuocere in padella o trasferire su una teglia da forno bordata e cuocere in forno preriscaldato per 25 minuti.

99. Polpette Di Ceci Piccanti

ingredienti

- 1 cucchiaio di farina di semi di lino (semi di lino macinati)

- 14 once possono ceci, scolati e sciacquati

- 1 tazza e mezzo di farro cotto

- 1/4 tazza di avena vecchio stile

- 2 spicchi d'aglio, pressati

- 1 cucchiaino di radice di zenzero finemente grattugiata

- 1/2 cucchiaino di sale

- 1 cucchiaio di olio di sesamo caldo del Cile

- 1 cucchiaio di sriracha

Indicazioni:

a) Preriscalda il forno a 400 gradi Fahrenheit. Foderare una teglia con un foglio di alluminio e impostare l'aiutante.

b) Unire la farina di semi di lino con 3 cucchiai d'acqua; mescolate e lasciate riposare per 5 minuti.

c) Metti i ceci, il farro, l'avena, l'aglio, lo zenzero, il sale, l'olio di sesamo e la sriracha nella ciotola di un grande robot da cucina o frullatore. Versare il composto di lino riposato ("uovo di lino") e frullare fino a quando gli ingredienti si sono appena amalgamati.

d) Arrotolare il composto in palline da un cucchiaio e infornare.

100. Polpette vegane ai funghi

ingredienti

- 1 cucchiaio di semi di lino macinati
- 3 cucchiai d'acqua
- 4 once di fungo baby bella
- ½ tazza di cipolla a dadini
- 1 cucchiaio di olio d'oliva diviso
- ¼ di cucchiaino di sale
- 1 cucchiaio di salsa di soia
- 1 cucchiaio di condimento italiano
- 1 lattina (15 once) di ceci scolati
- 1 tazza di pangrattato normale

- 1 cucchiaio di lievito alimentare
- 1 cucchiaino di salsa Worcestershire

Indicazioni:

a) Tritate grossolanamente i funghi e tagliate a dadini la cipolla.

b) In una padella media, scalda 1 cucchiaio di olio d'oliva a fuoco medio-alto. Una volta caldo, aggiungere i funghi e la cipolla e spolverare con $\frac{1}{4}$ di cucchiaino di sale. Soffriggi per 5 minuti o finché i funghi non si saranno ammorbiditi.

c) Aggiungere la salsa di soia e il condimento italiano e cuocere ancora per un minuto.

d) Unisci i ceci, l'uovo di lino, il pangrattato, il lievito alimentare, la salsa Worcestershire e la cipolla e i funghi saltati in un robot da cucina con una lama standard. Impulso fino a quando per lo più si rompe Alcuni pezzettini di ceci o funghi dovrebbero ancora esistere.

e) Usa le mani pulite per rotolare la miscela di polpette in 12 palline di circa ping pong.

f) Cuocere per 30 minuti in un forno a 350 gradi.

CONCLUSIONE

La maggior parte di noi associa le polpette ai classici
della cucina italo-americana: salsa marinara stufata che
ricopre le palline profumate all'origano, impilate sugli
spaghetti. Ma le polpette si ritrovano anche nella cucina
di altre culture, dal Medio Oriente al Sud-est asiatico.
Dopotutto, una polpetta spesso fa uso di tagli di carne
meno desiderabili, quelli che necessitano di tagli fini e
una miriade di componenti aggiuntivi per essere gustati
adeguatamente, e così i cuochi di tutto il mondo hanno
capito che sono un modo ideale per utilizzare pezzi
extra di duro , spalla di maiale grassa.

Qualunque sia il sapore che stai attualmente
desiderando può probabilmente essere adattato alla
formula di carne, pane, uova e sale. In effetti, non hai
nemmeno bisogno della carne per una polpetta. Abbiamo
una palla vegetariana di cui siamo davvero orgogliosi!

Lightning Source UK Ltd.
Milton Keynes UK
UKHW020802230621
386011UK00006B/16